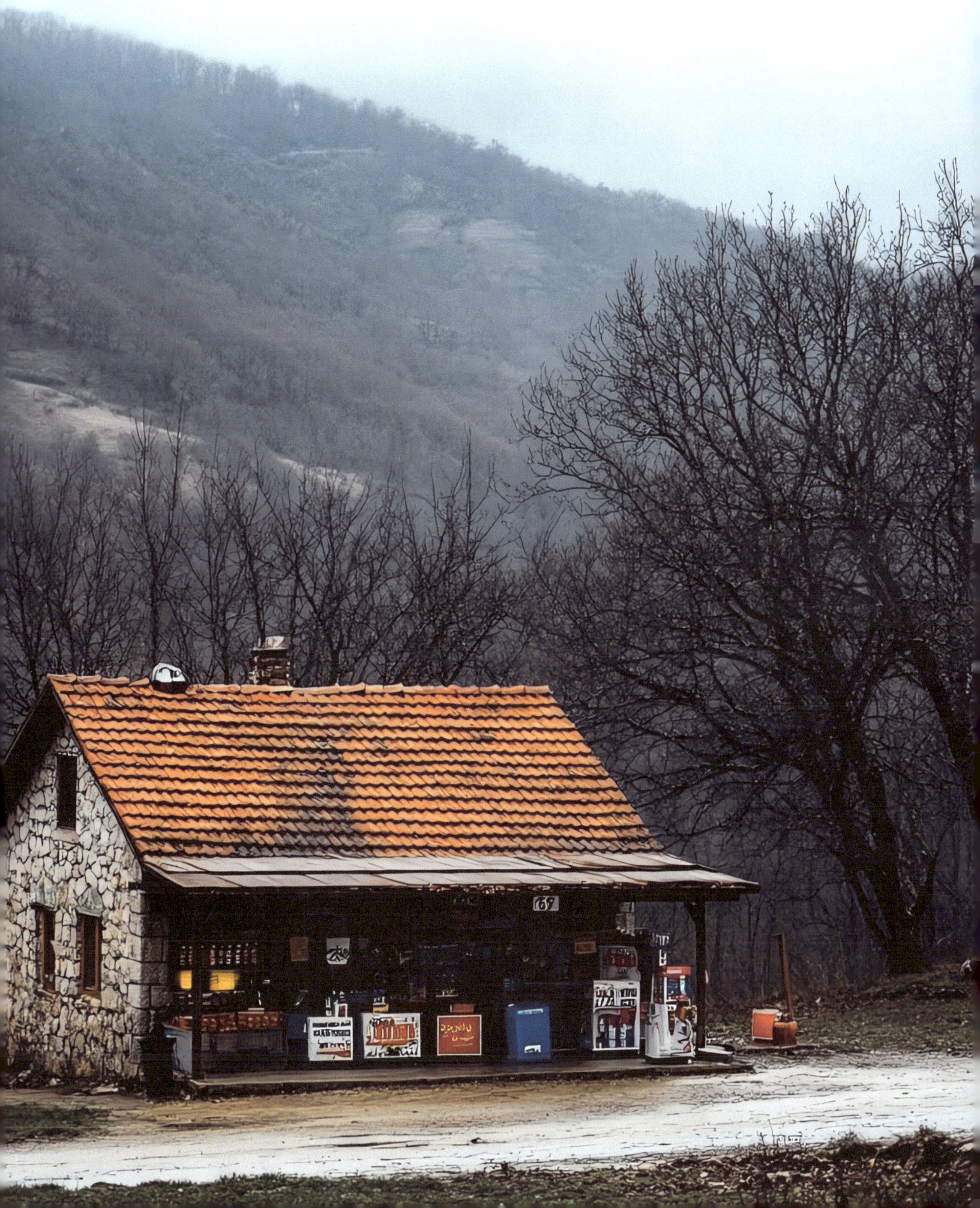
69

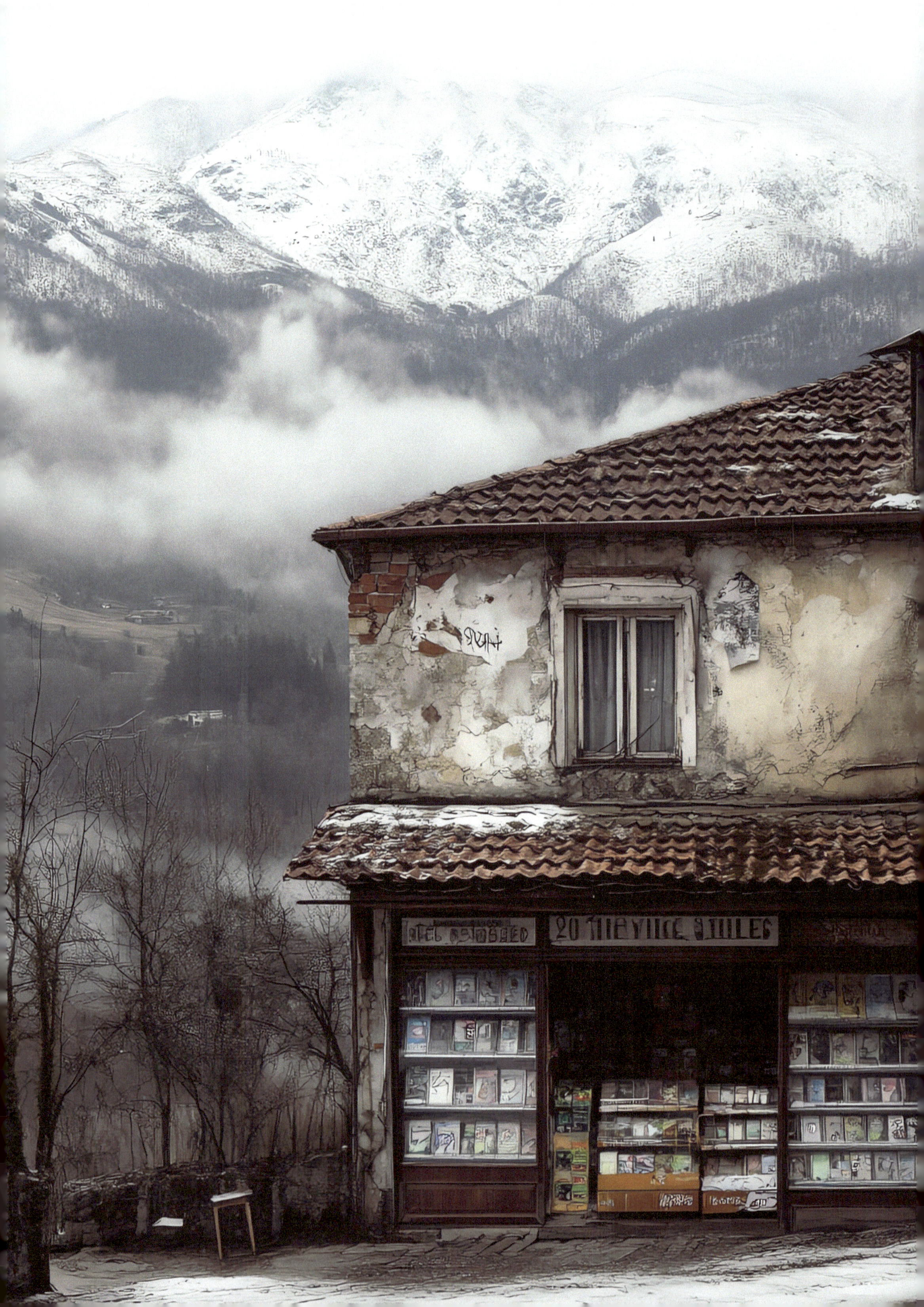

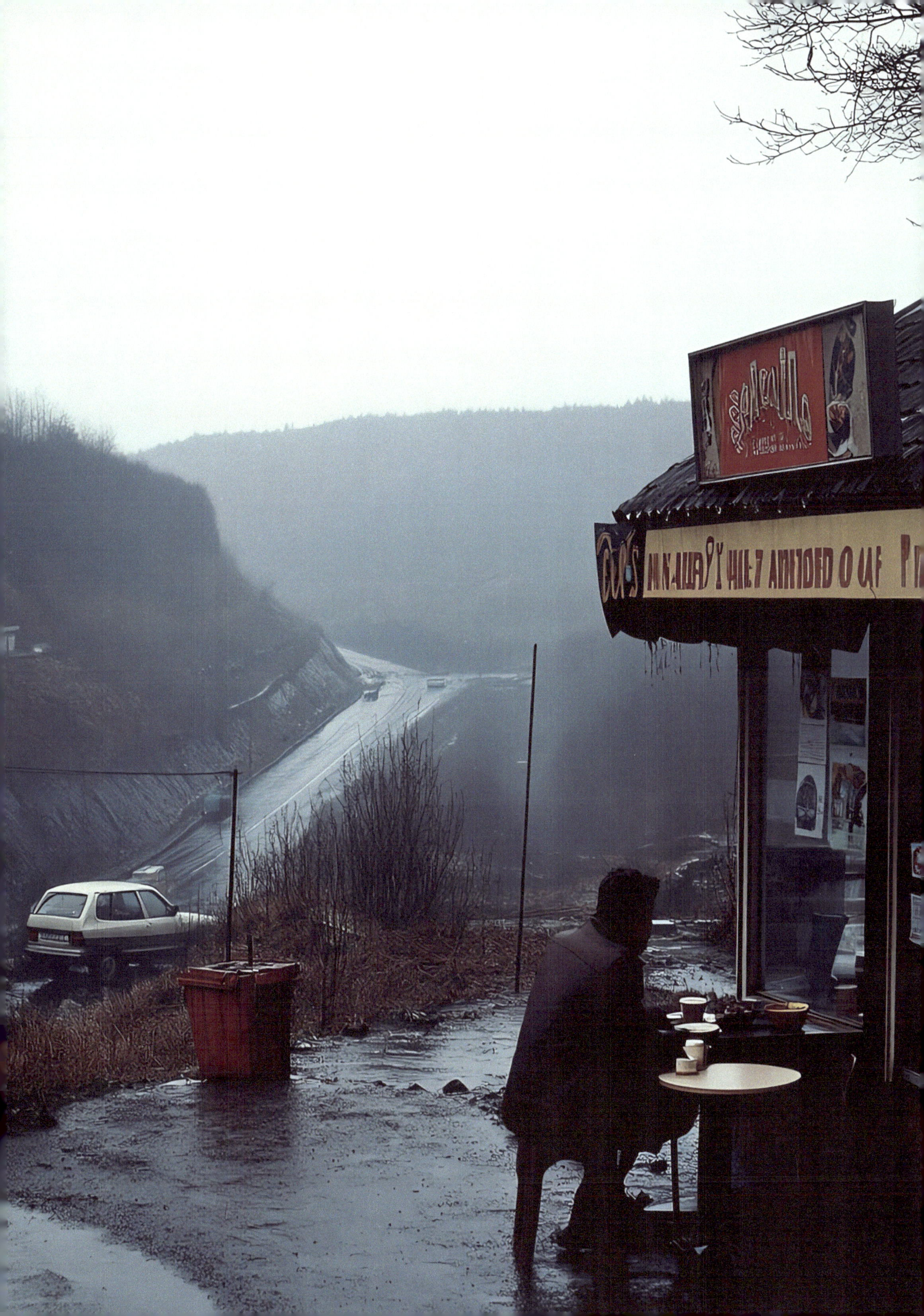

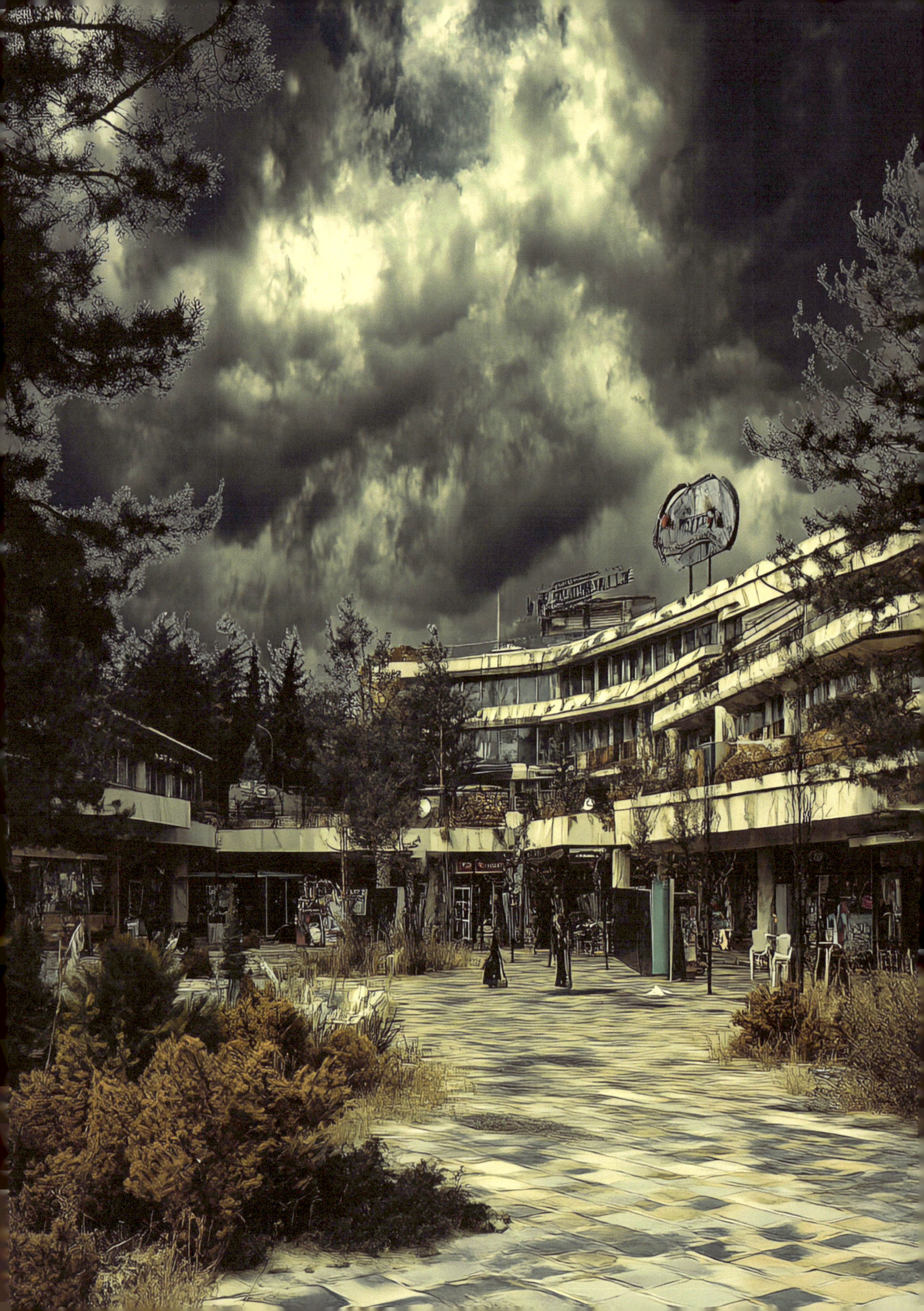

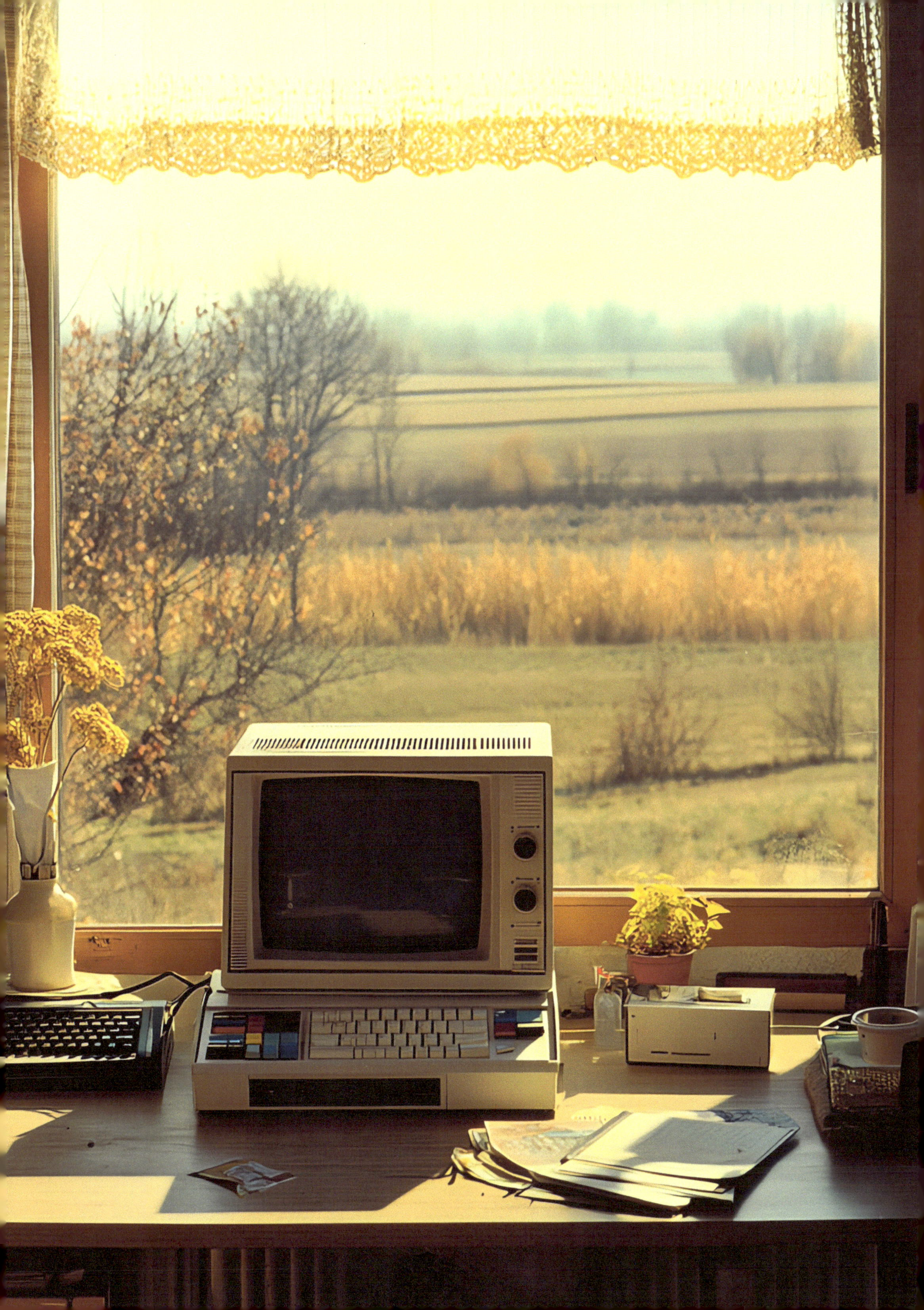

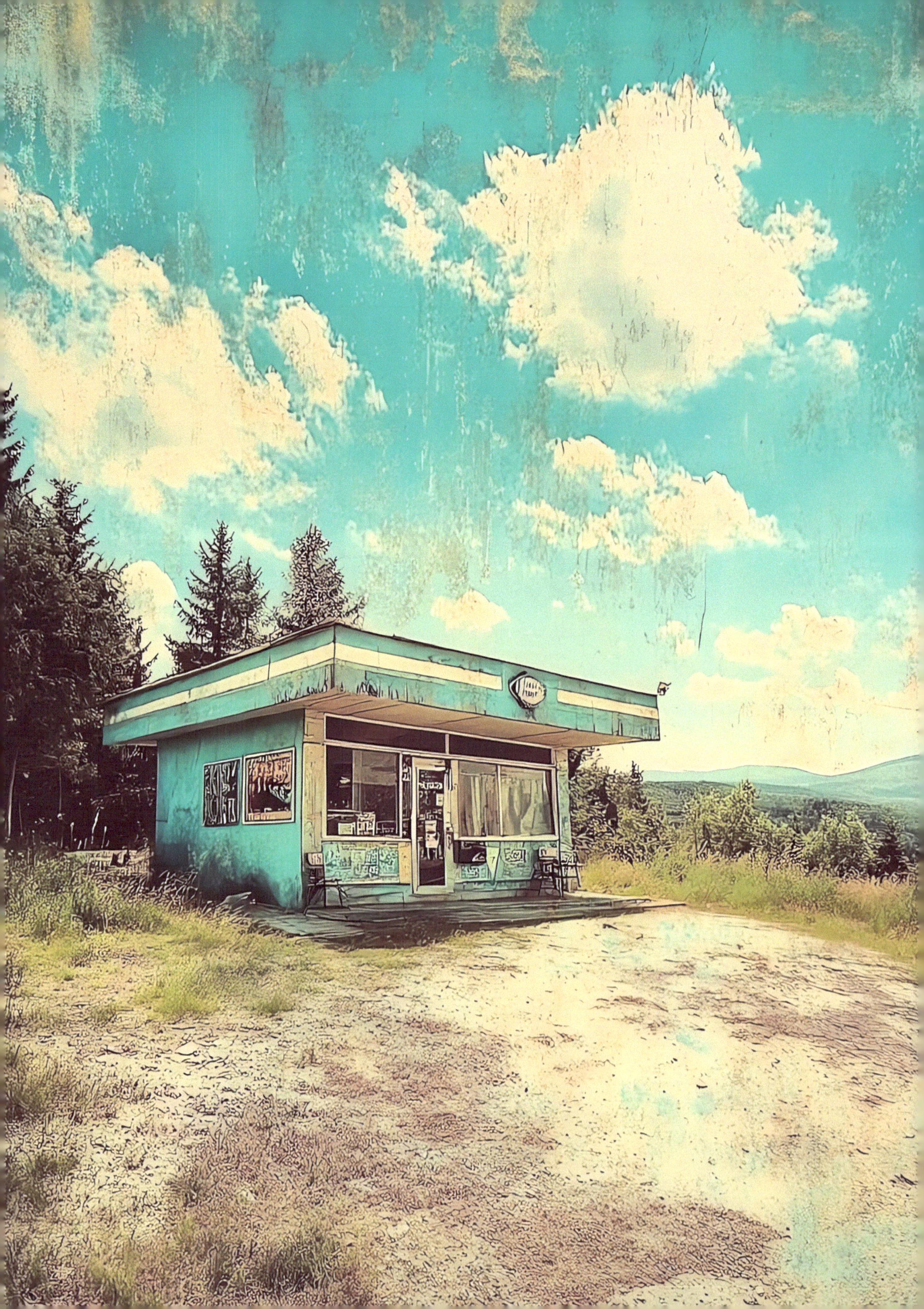

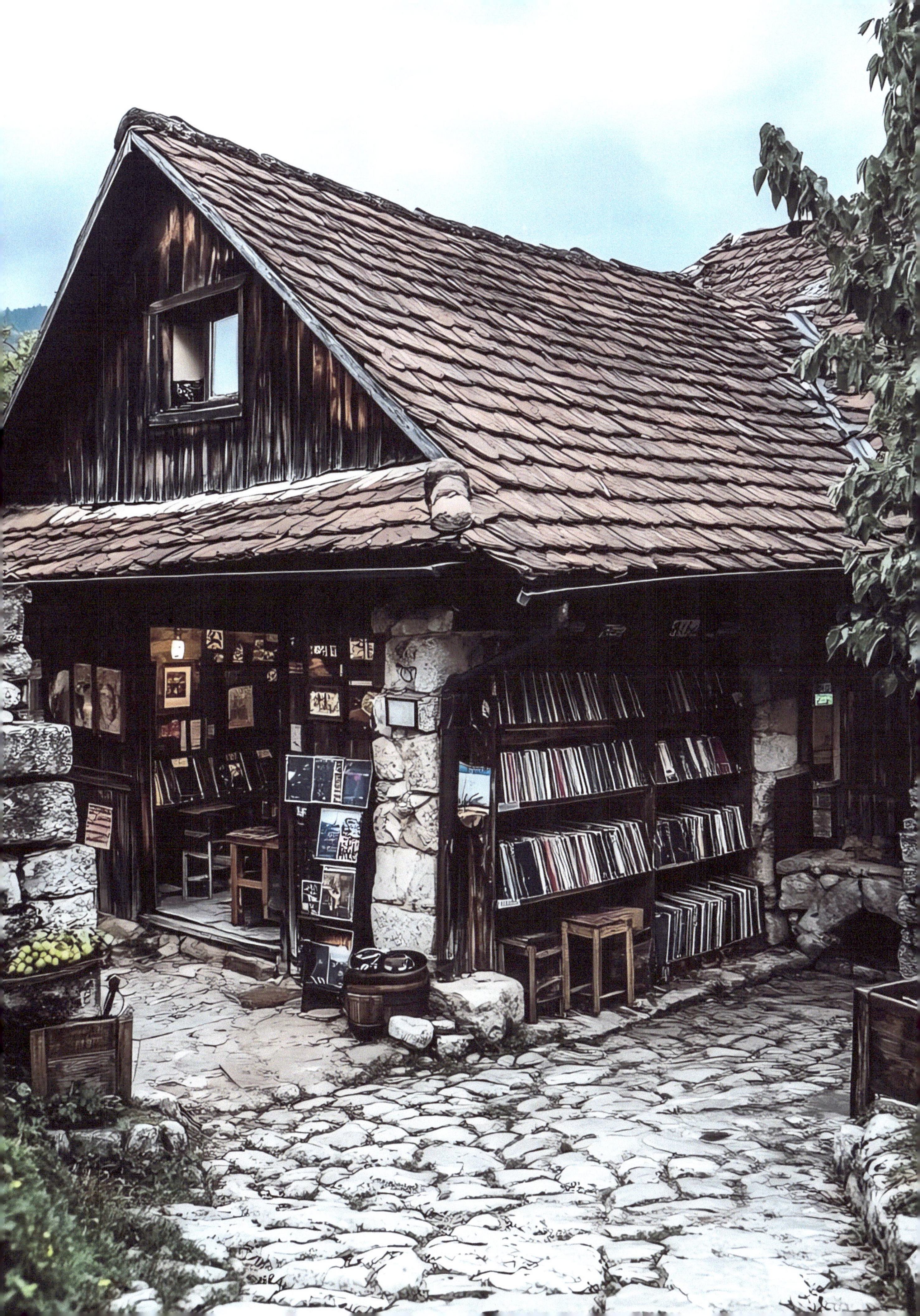

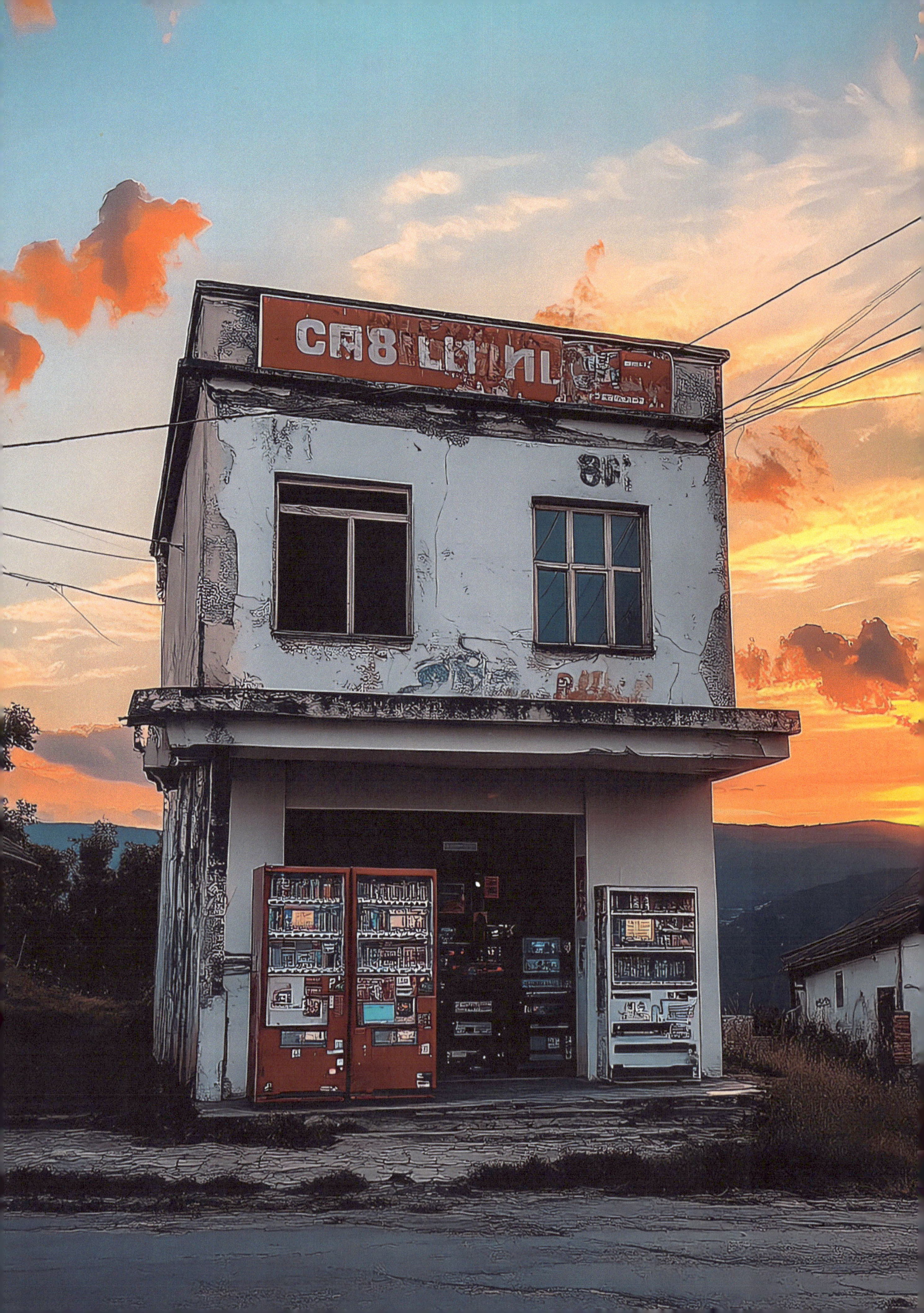

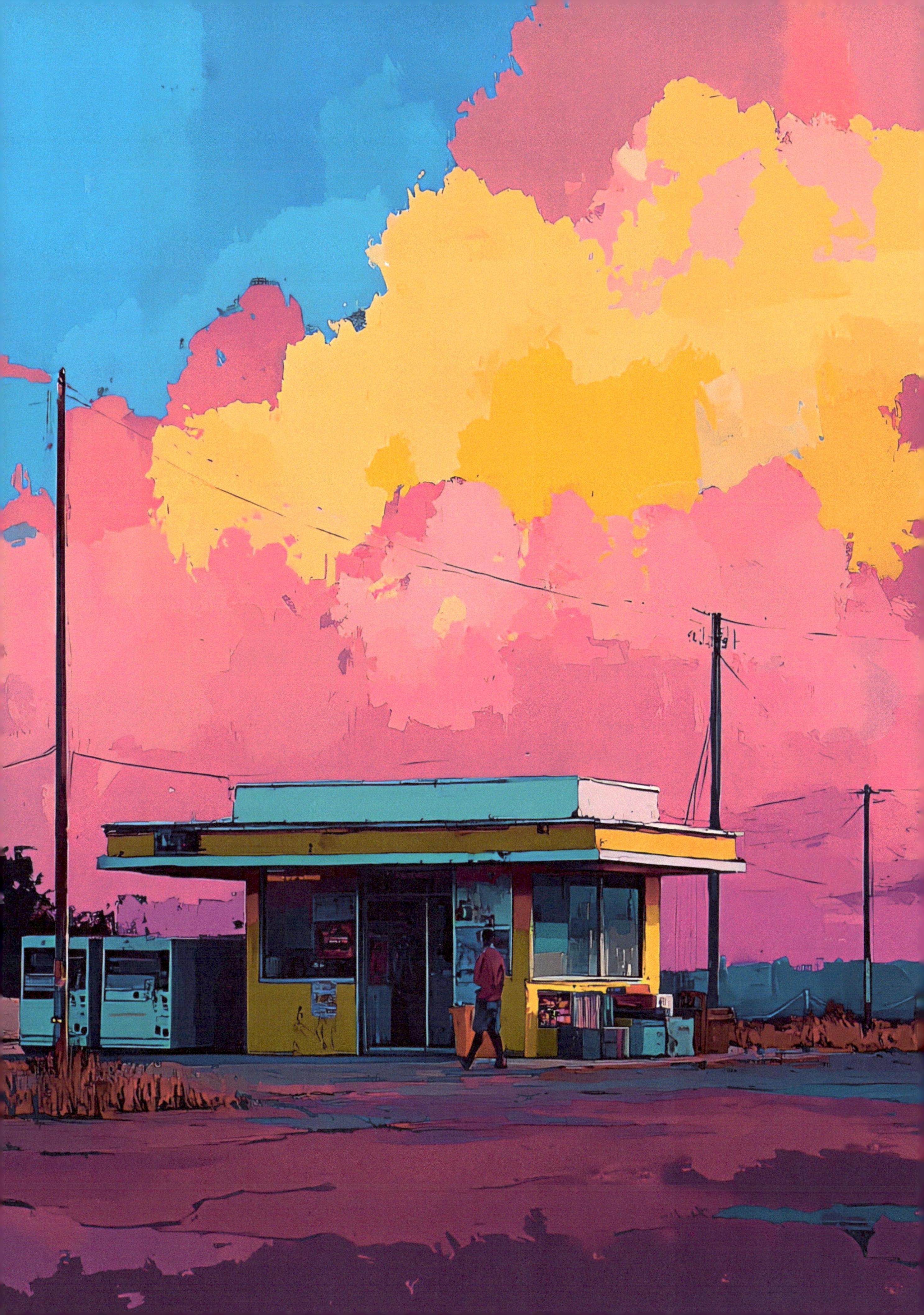

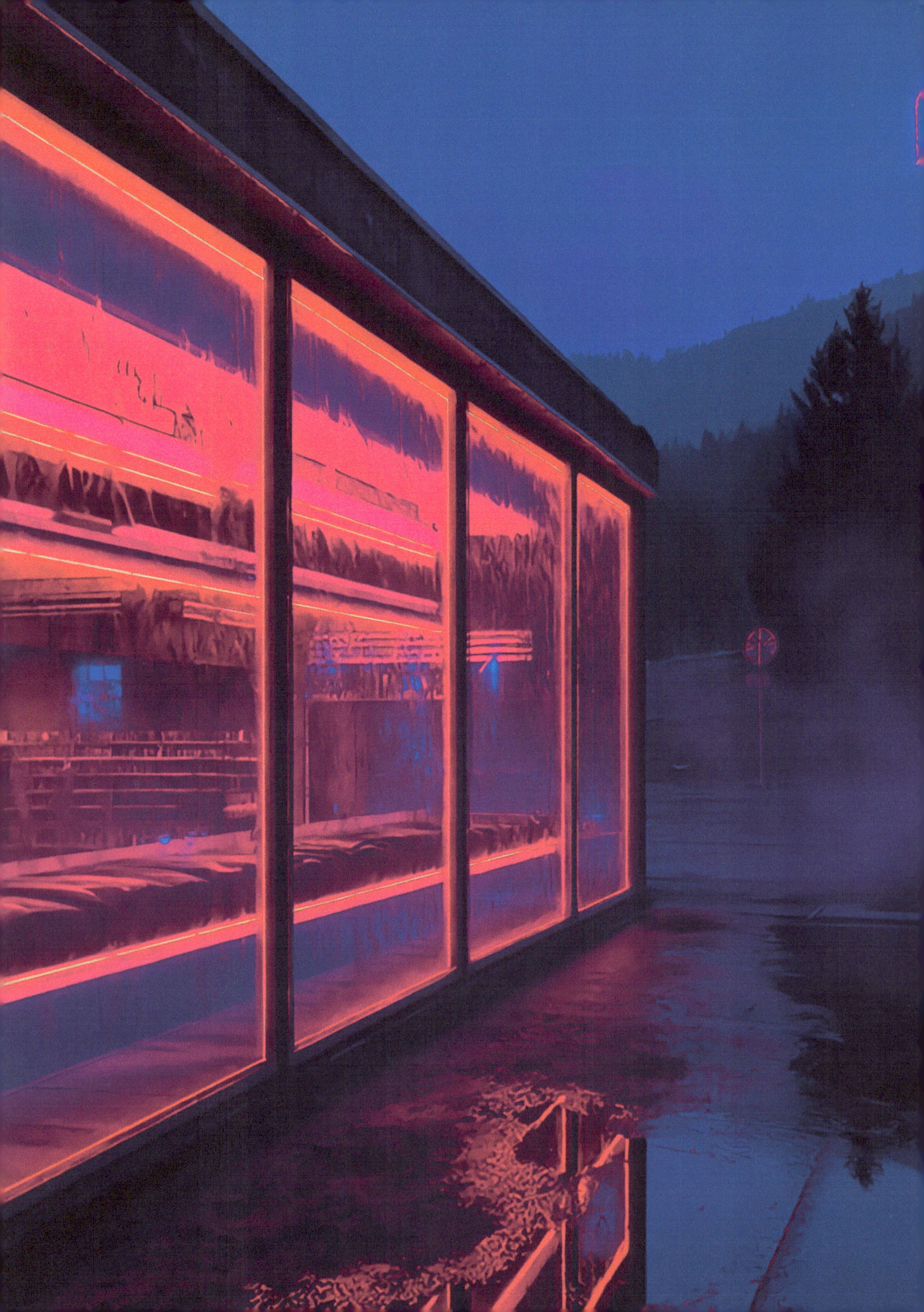

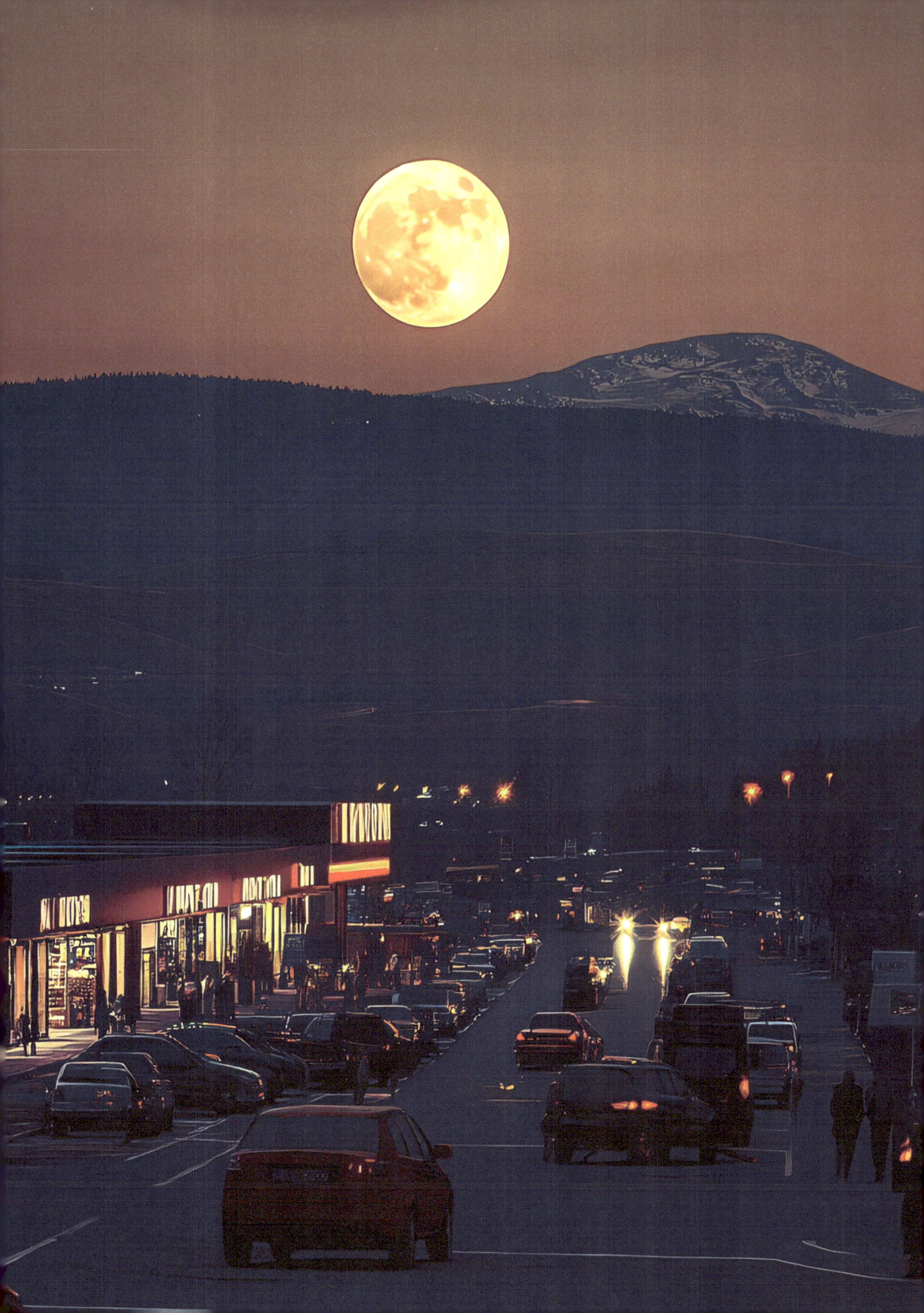

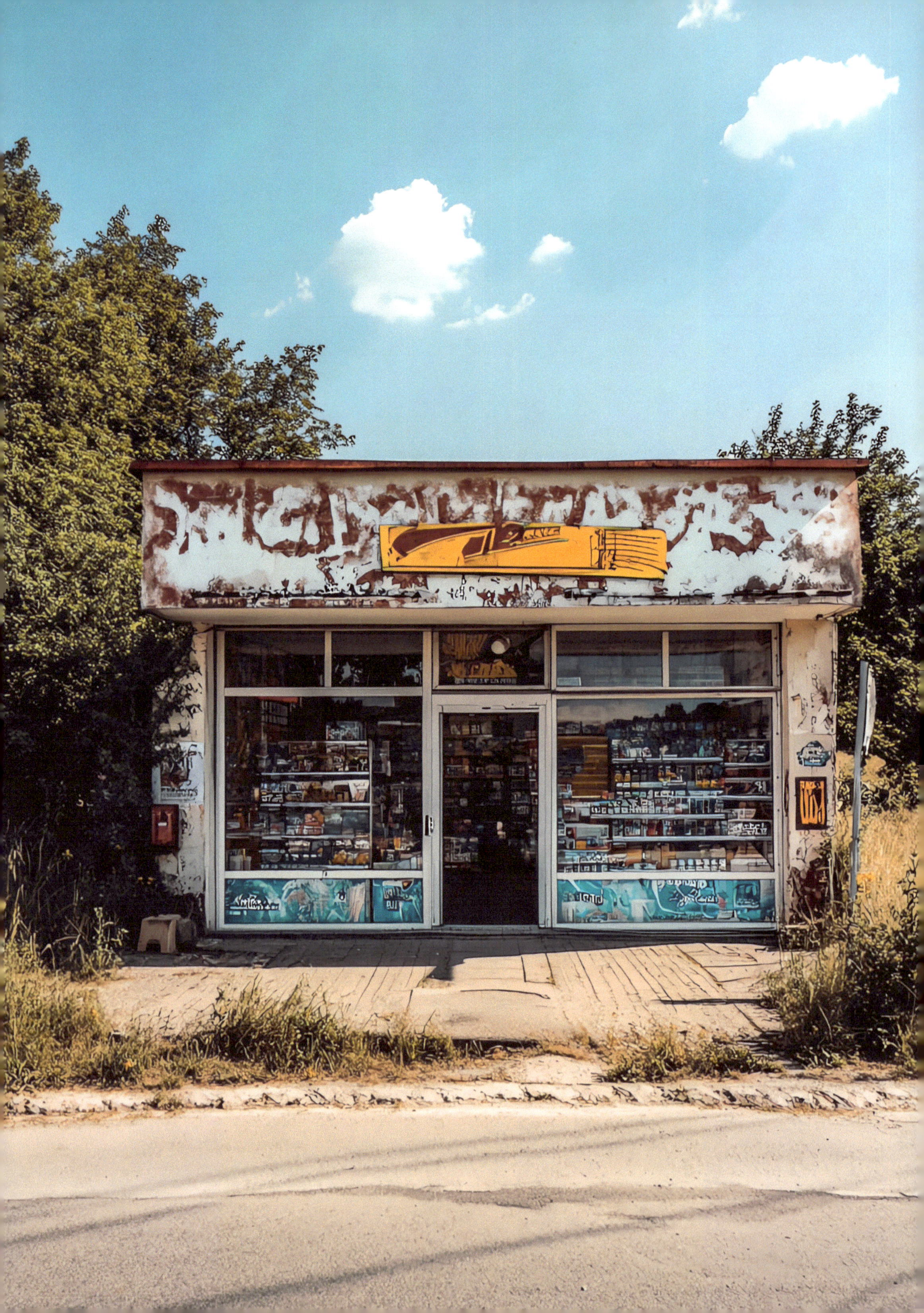

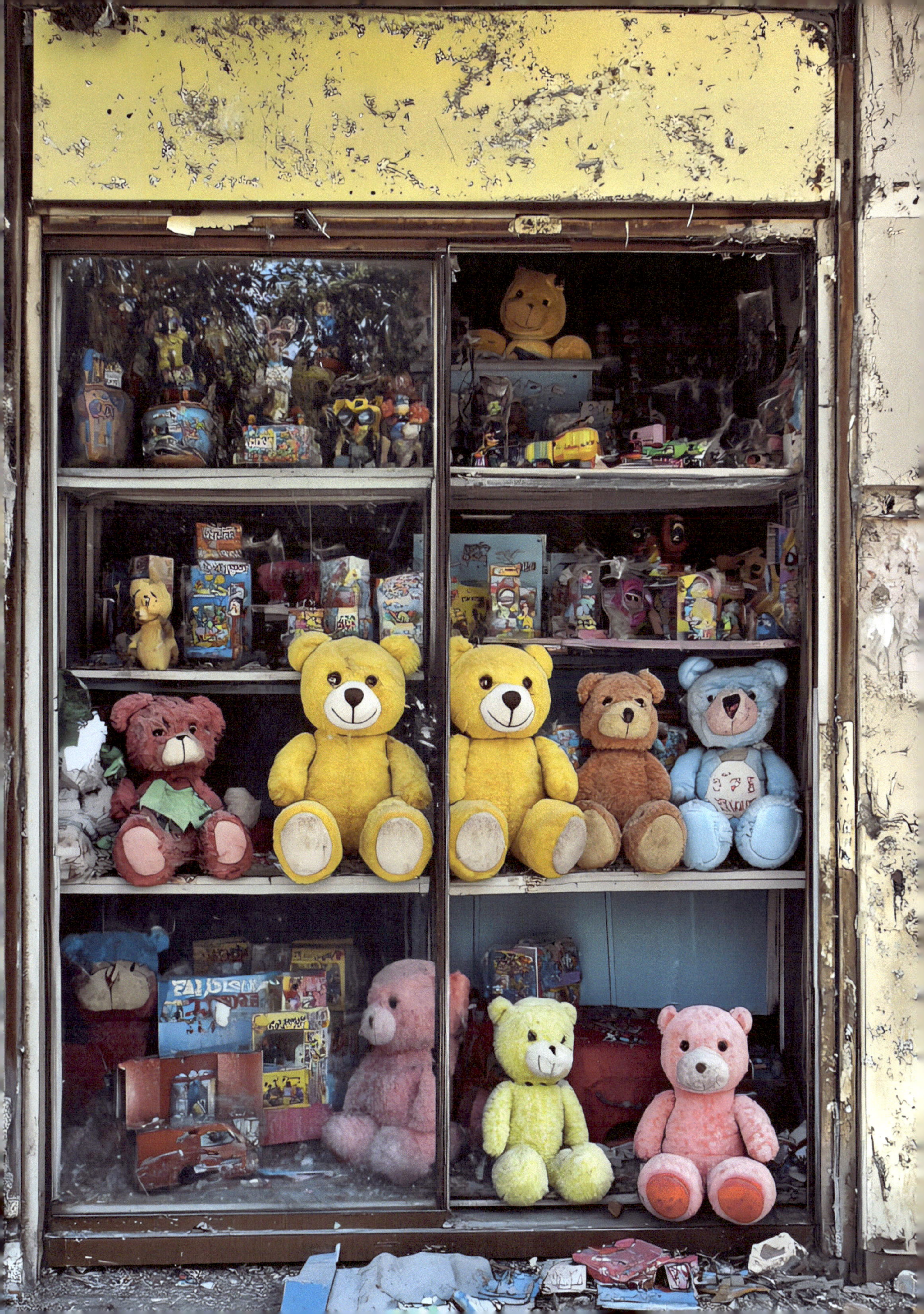

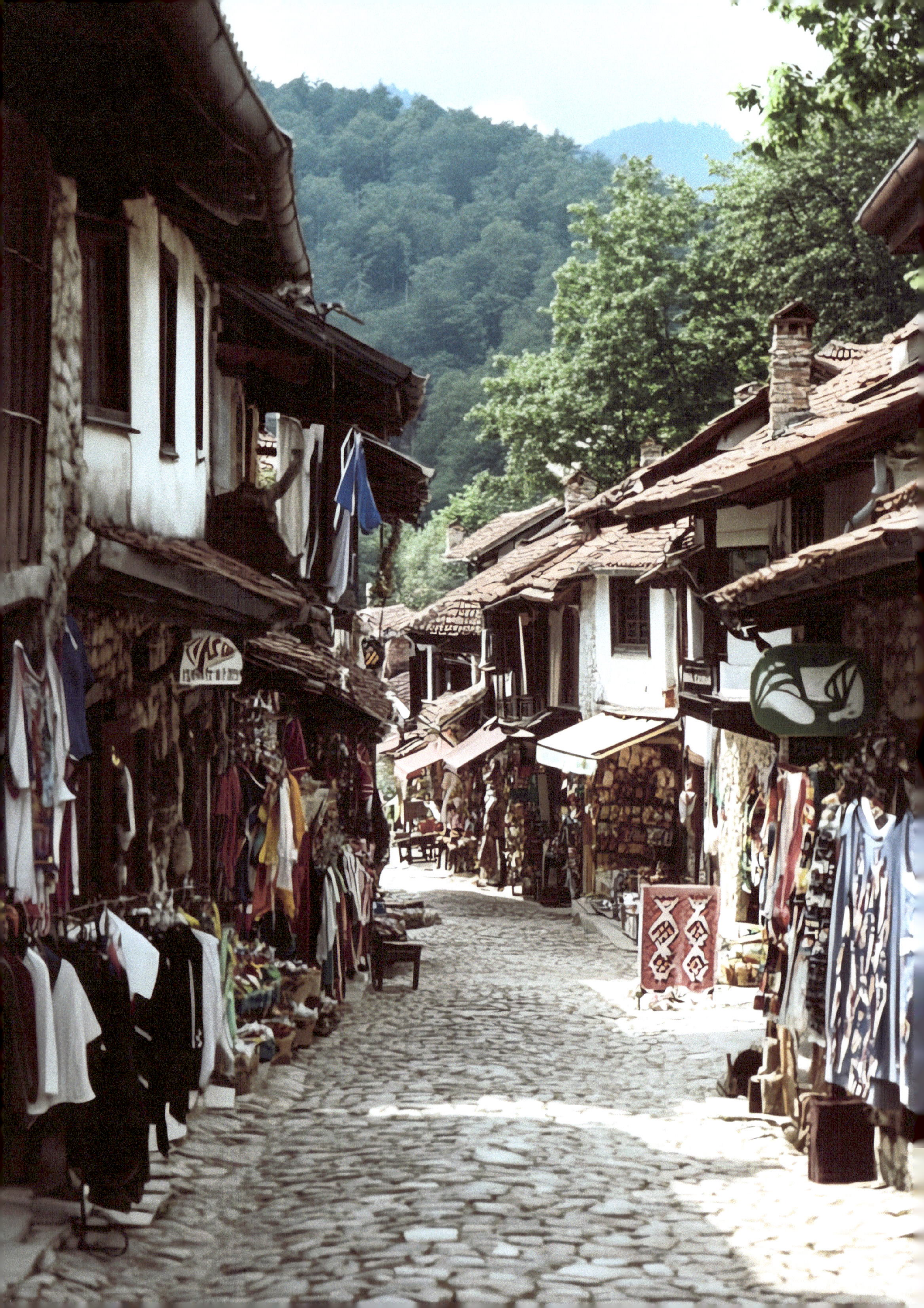

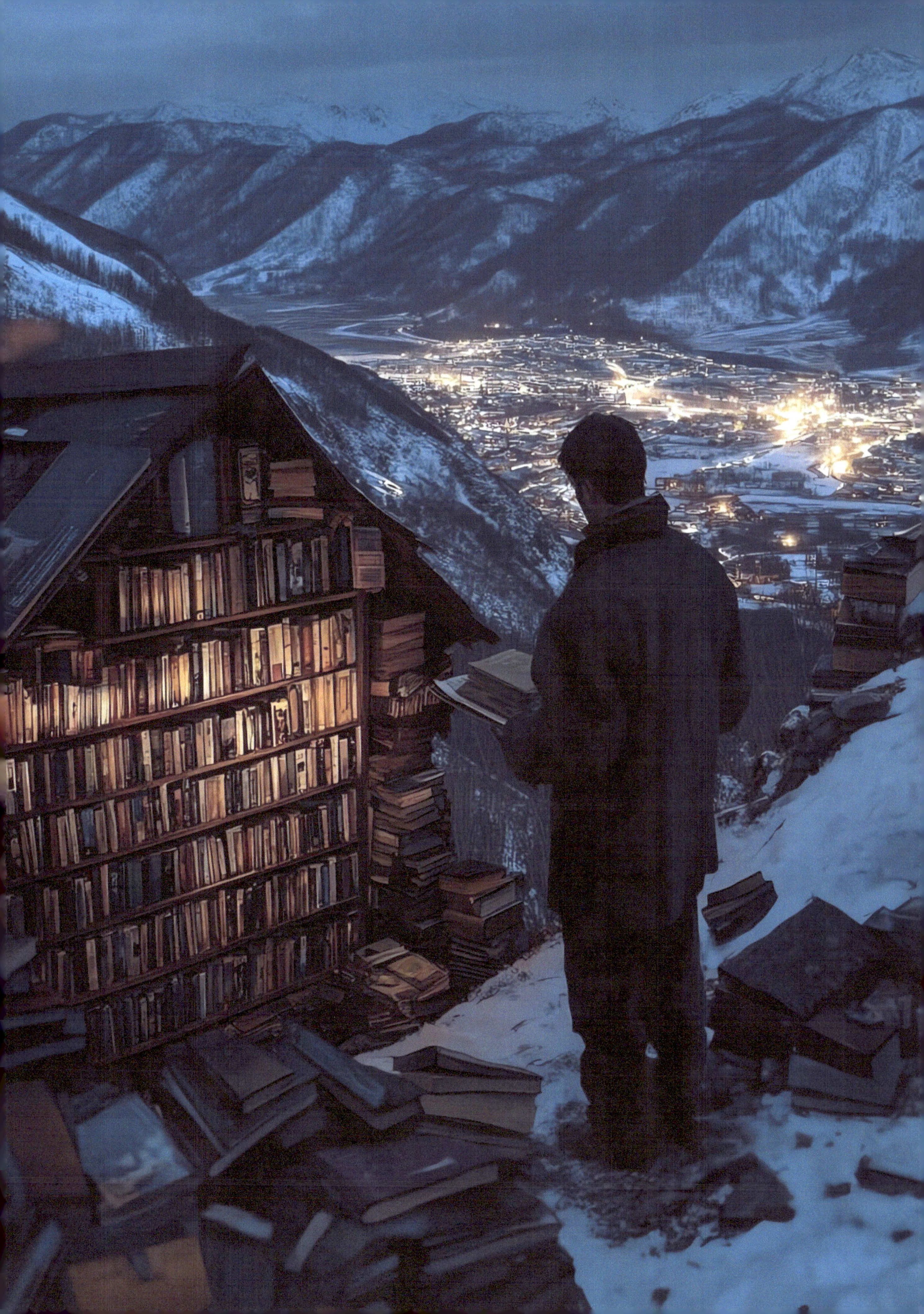

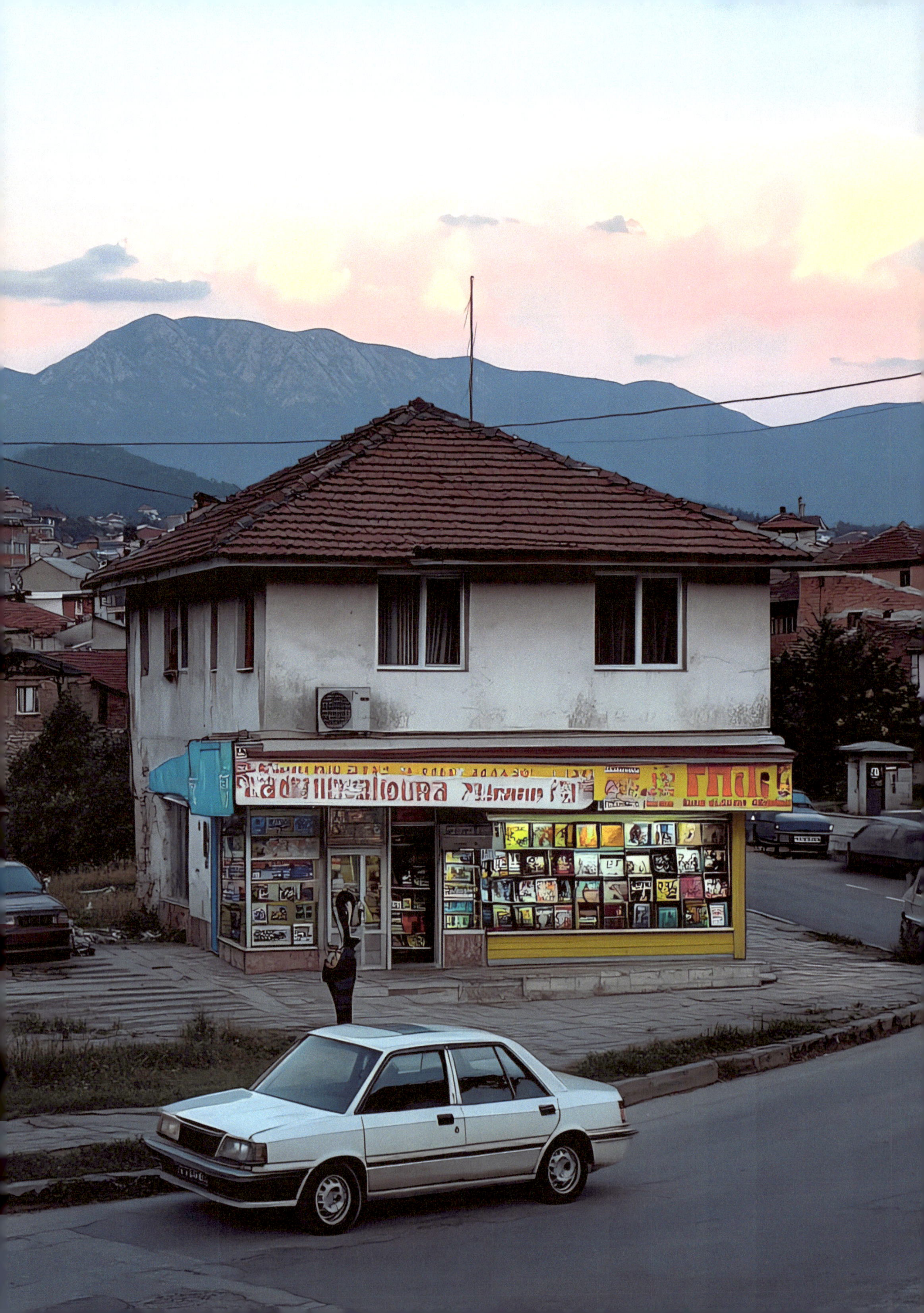

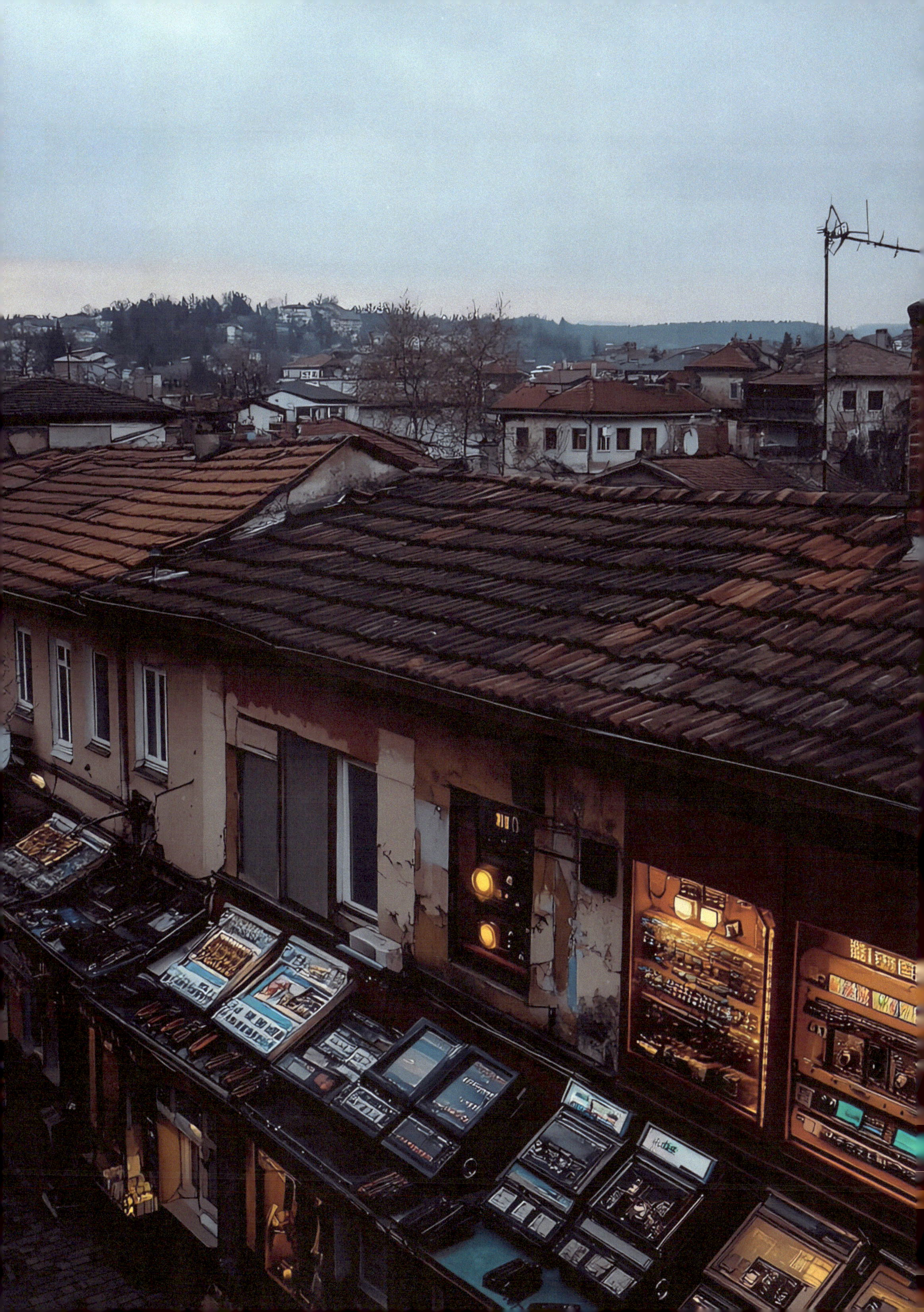

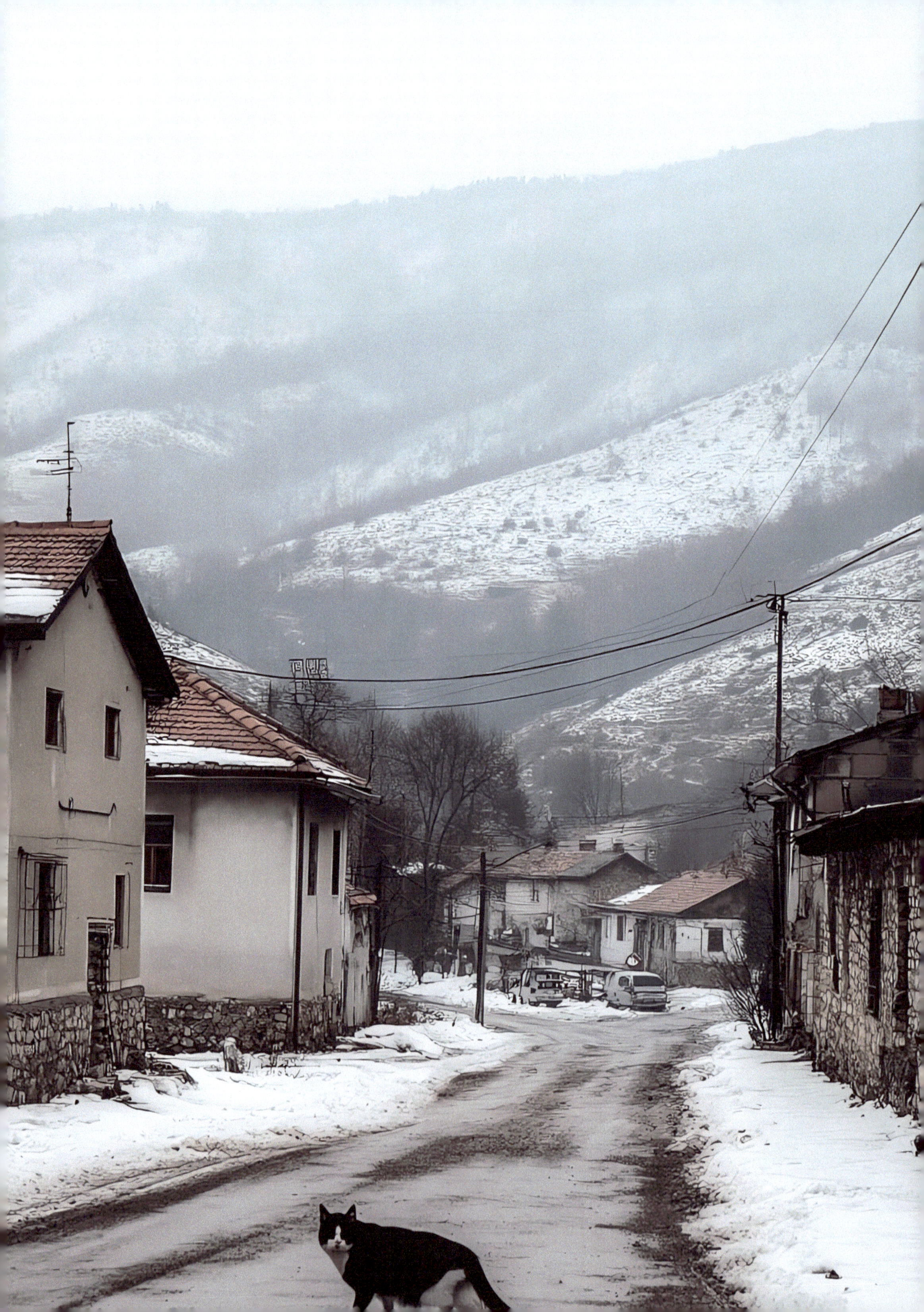

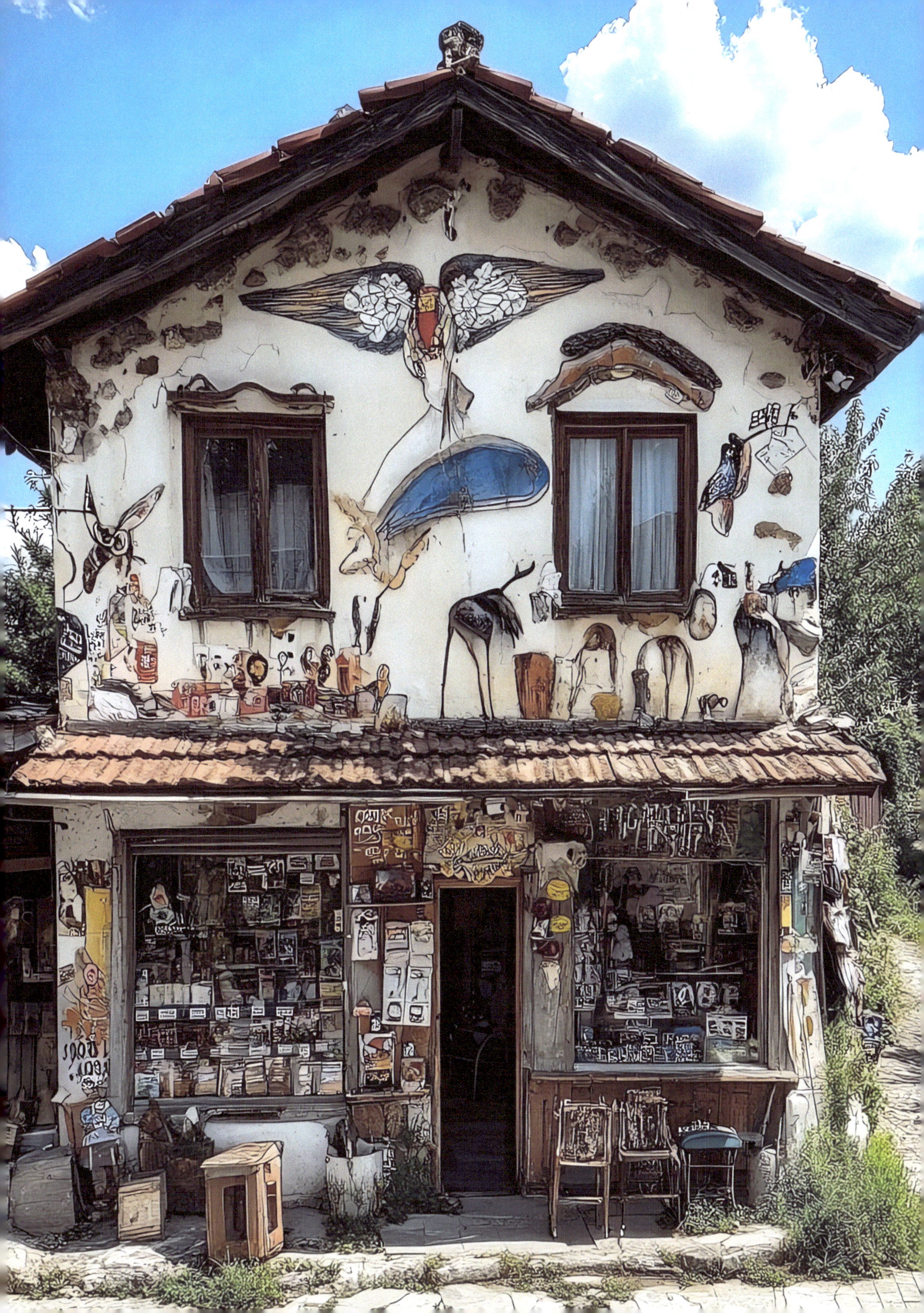

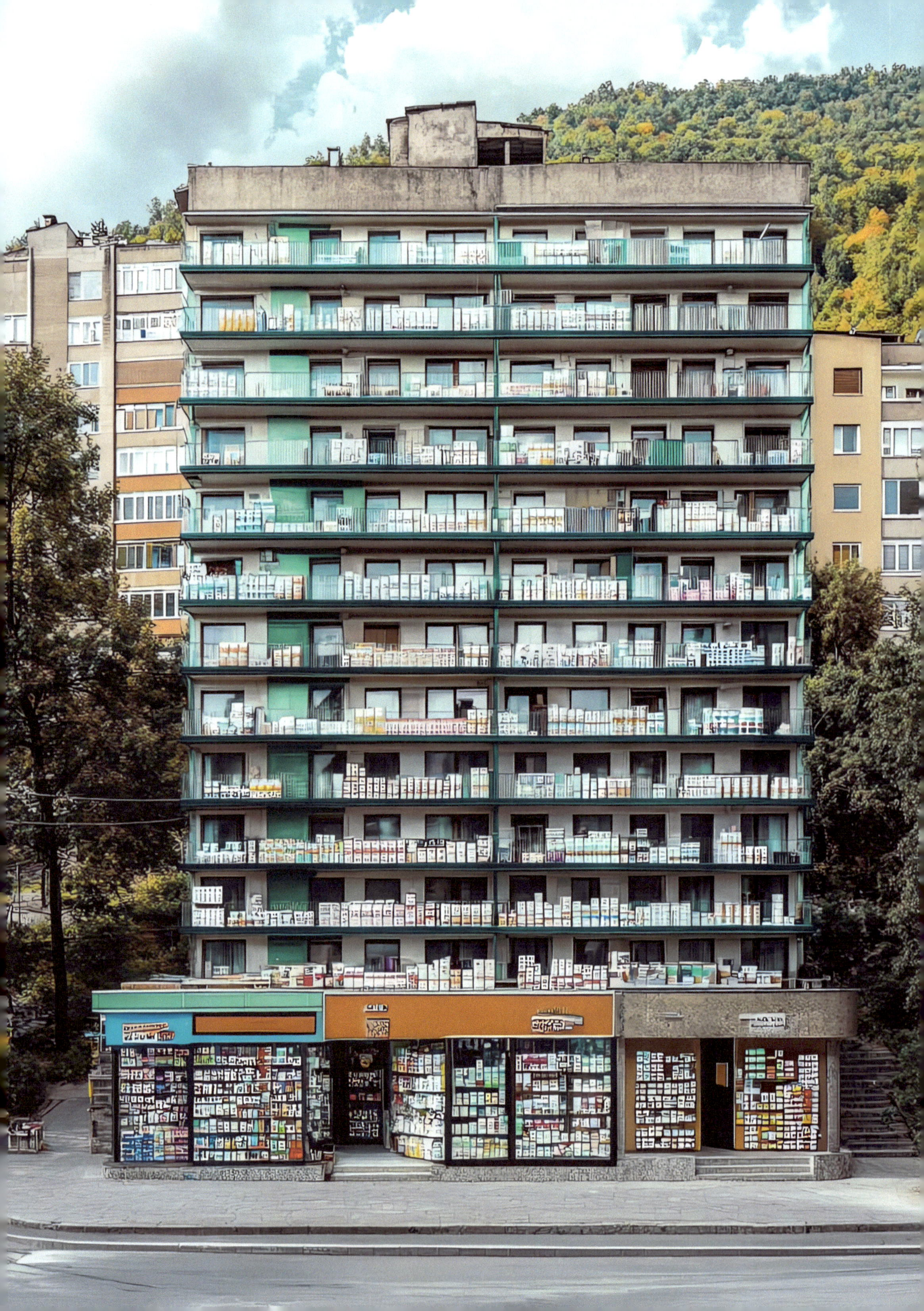

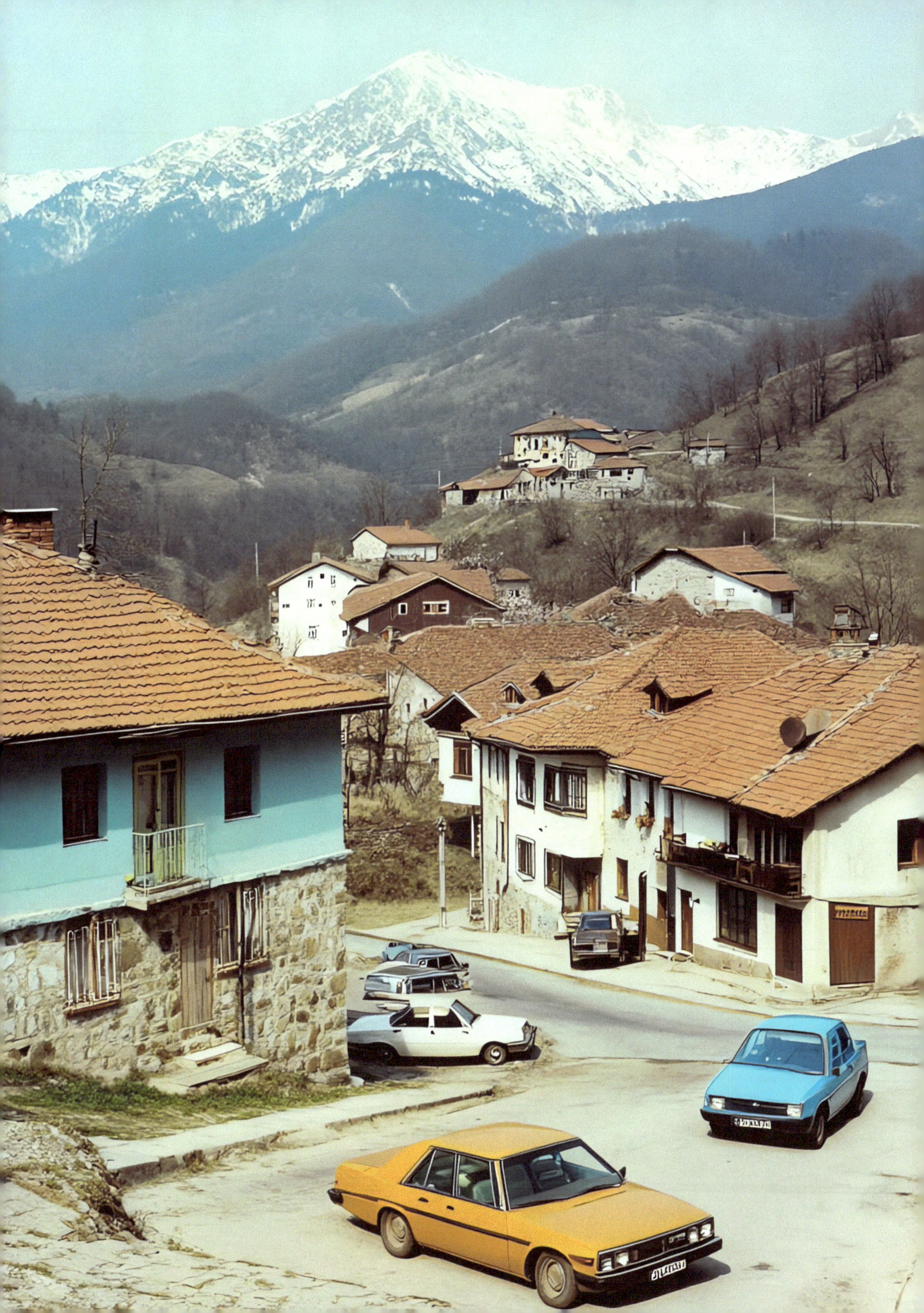

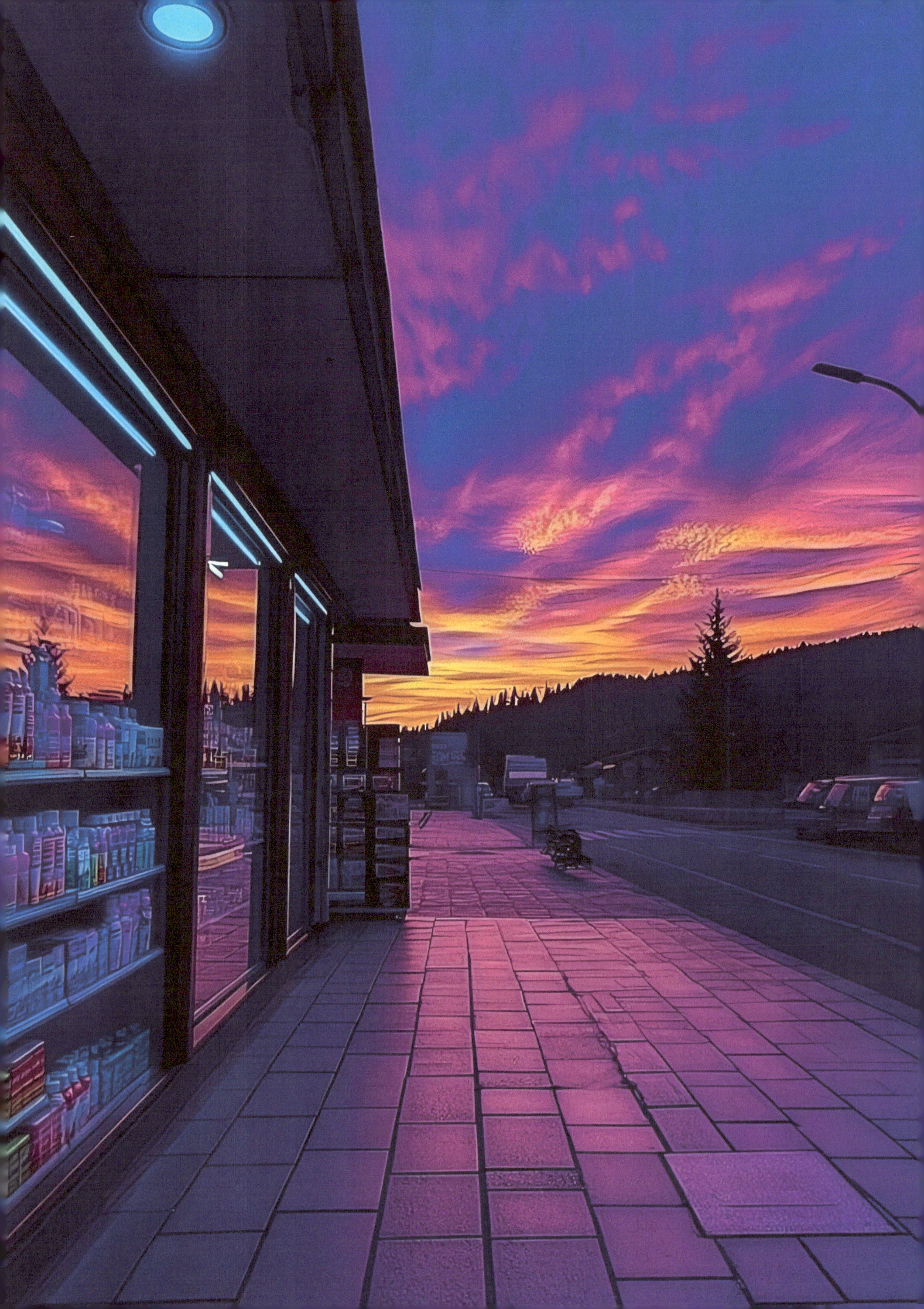

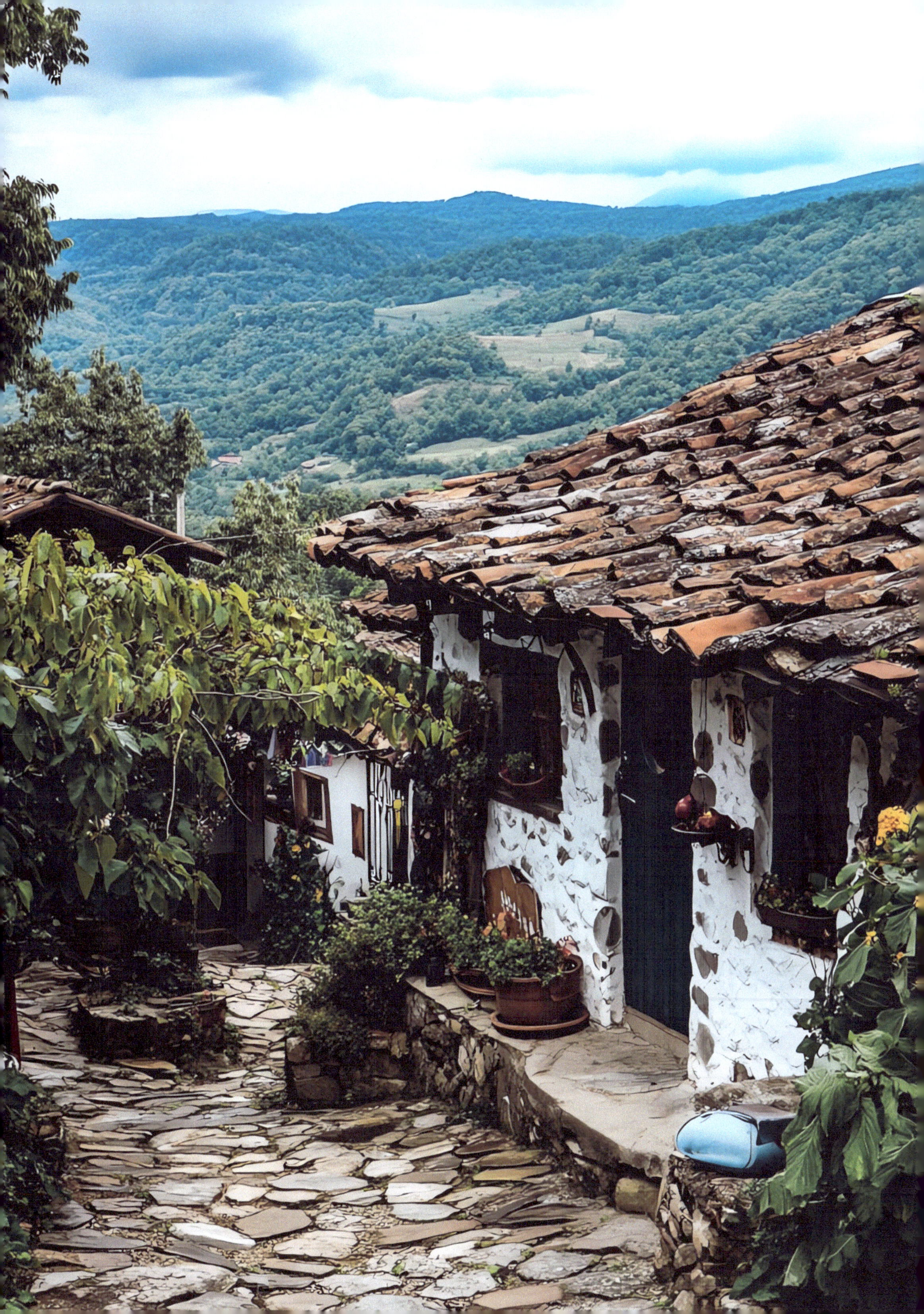

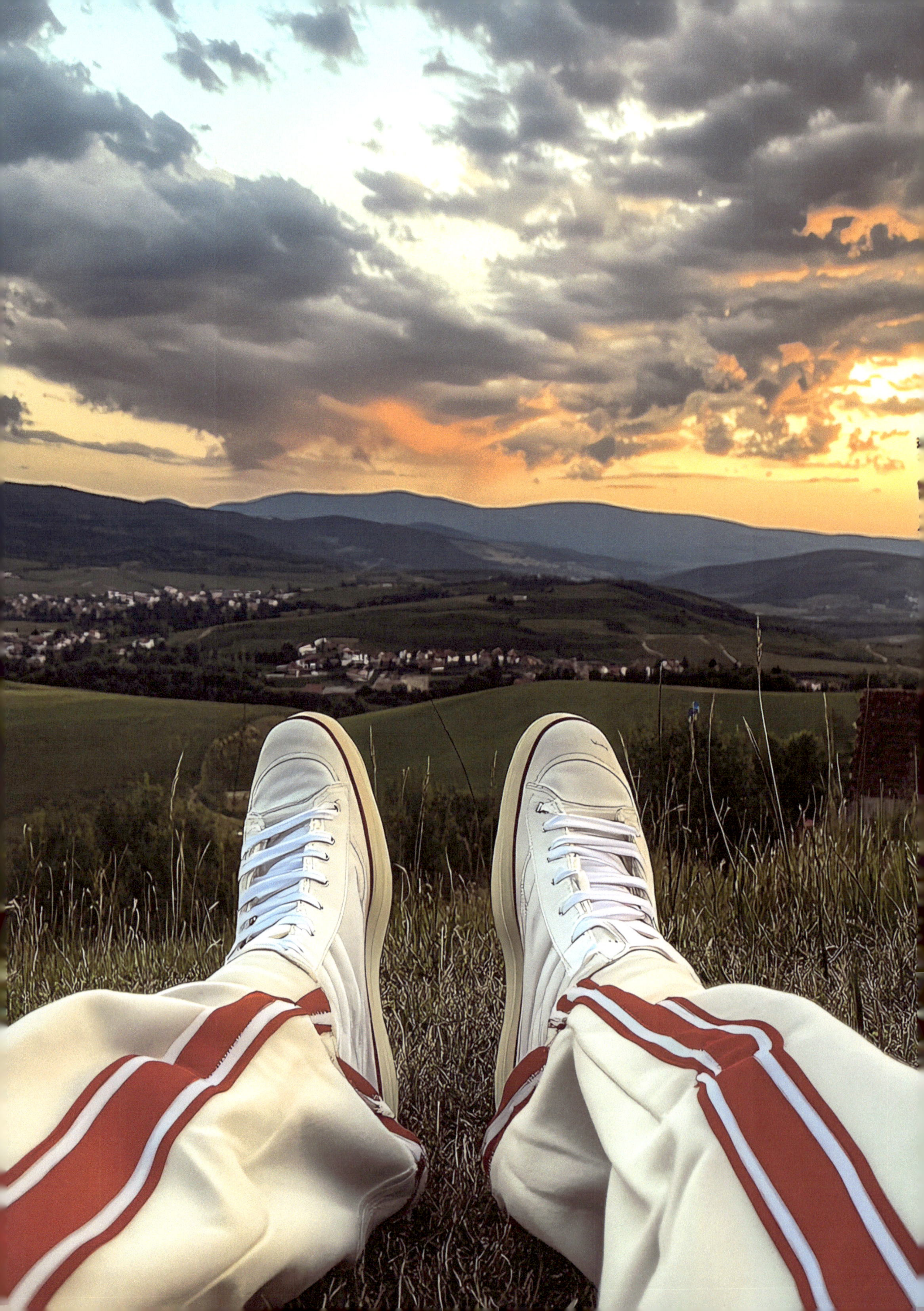

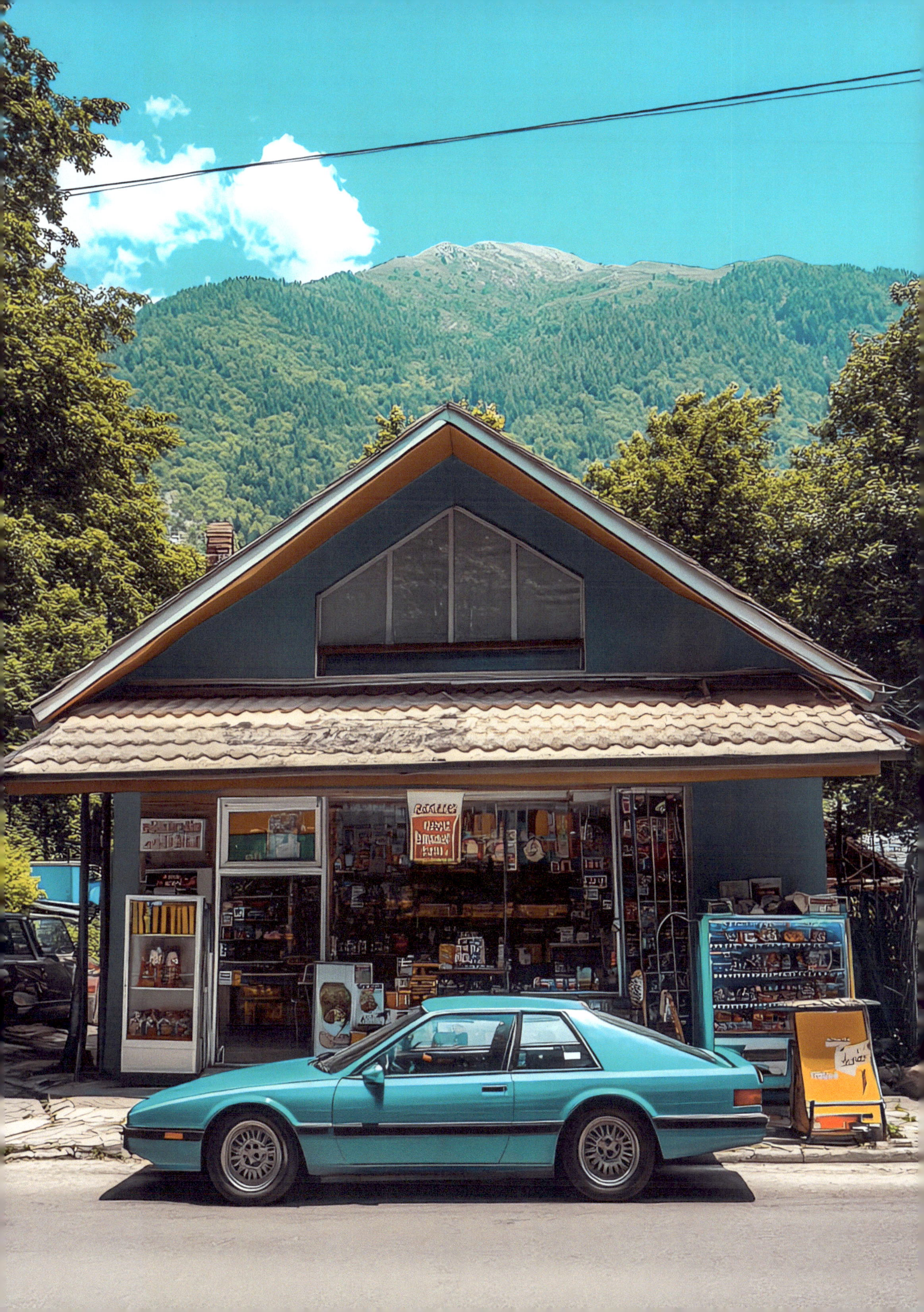

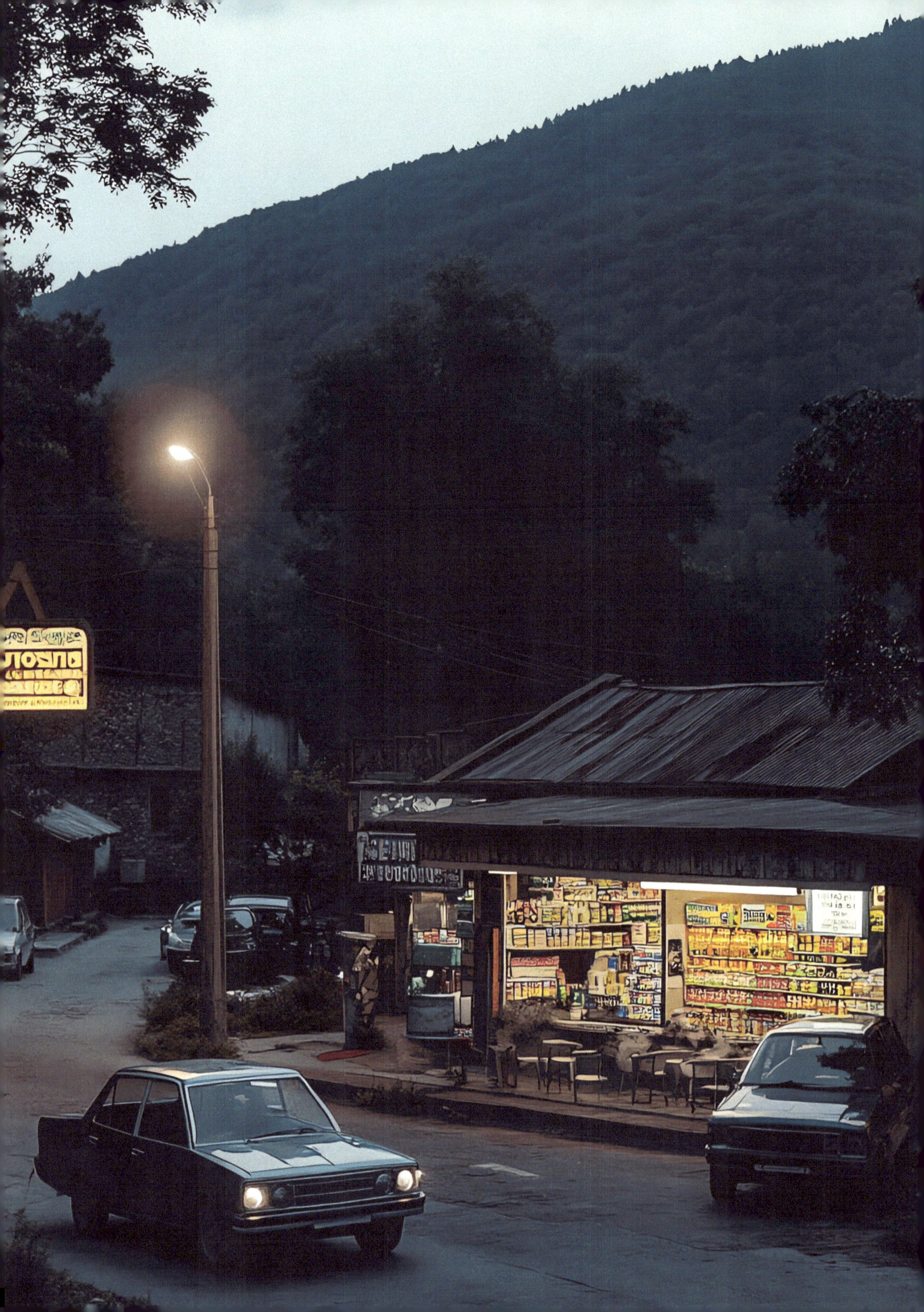

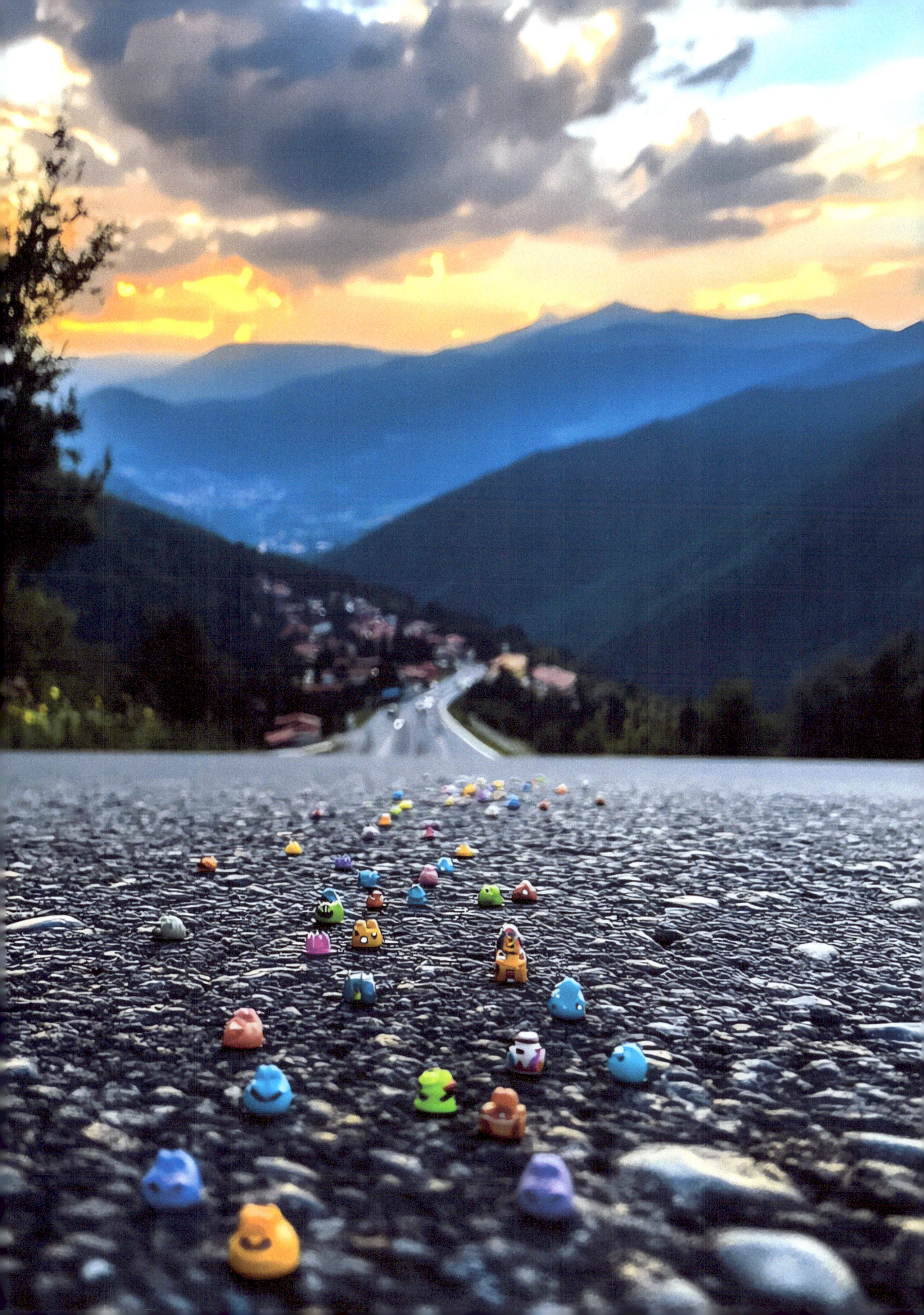

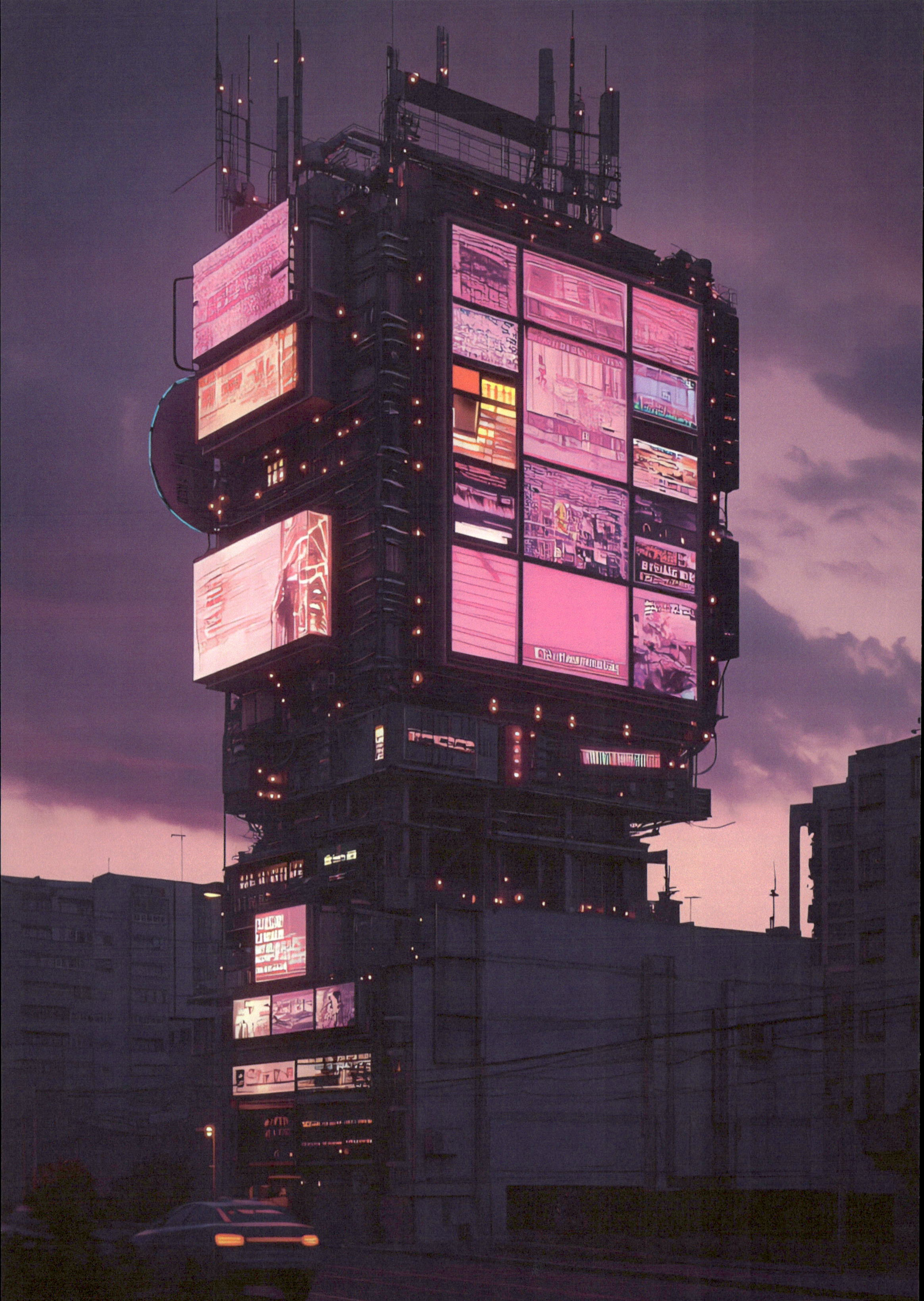

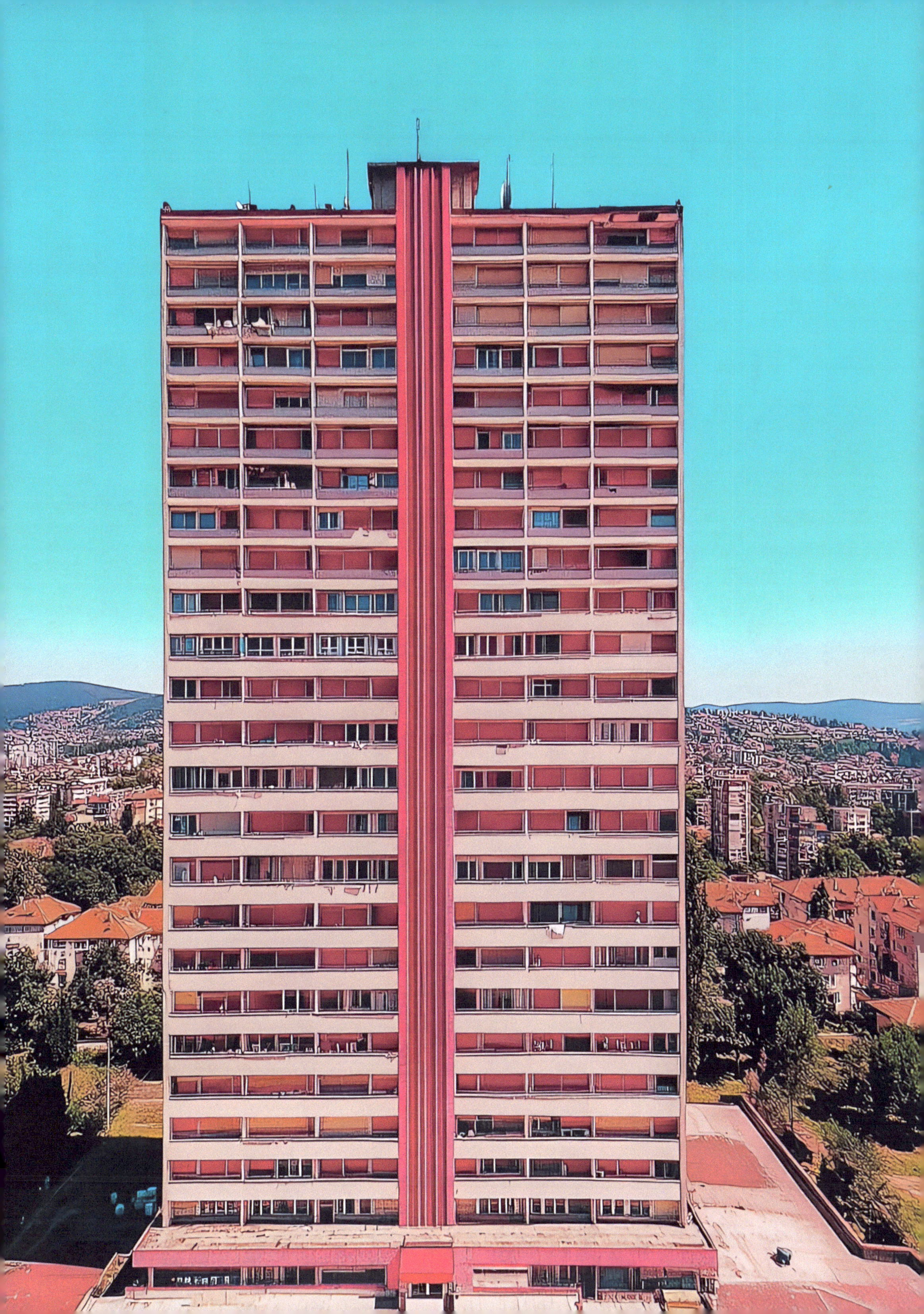

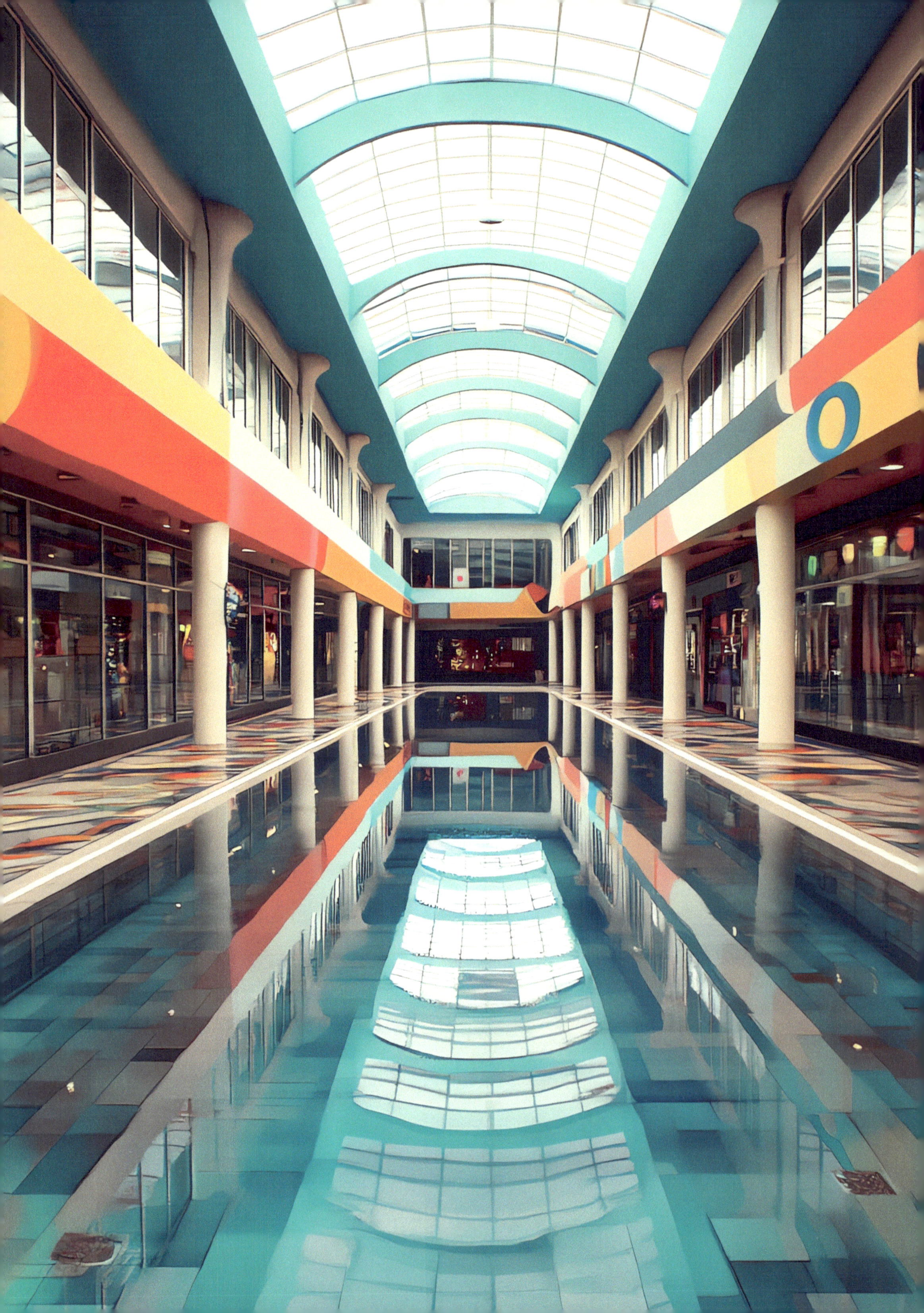

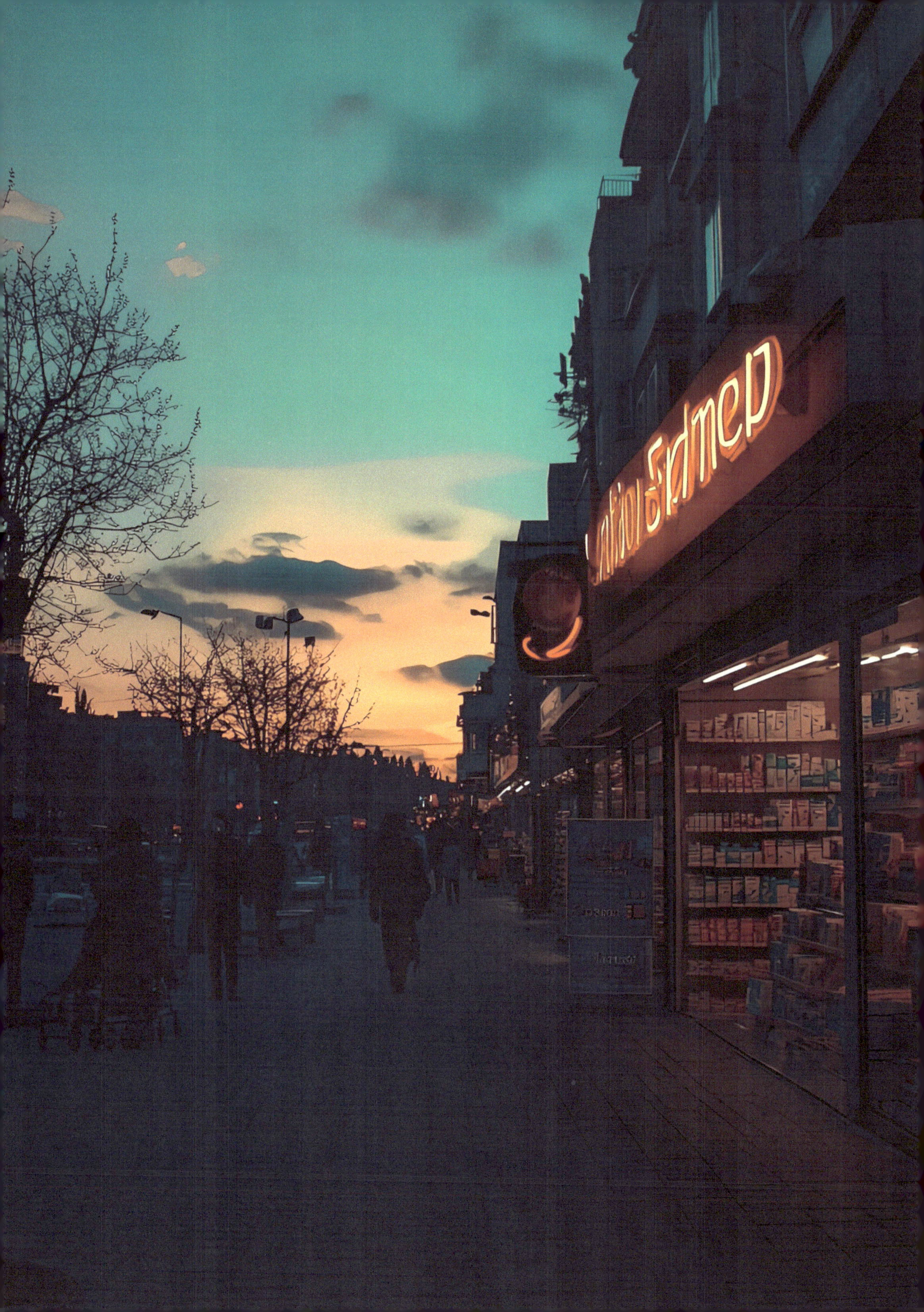

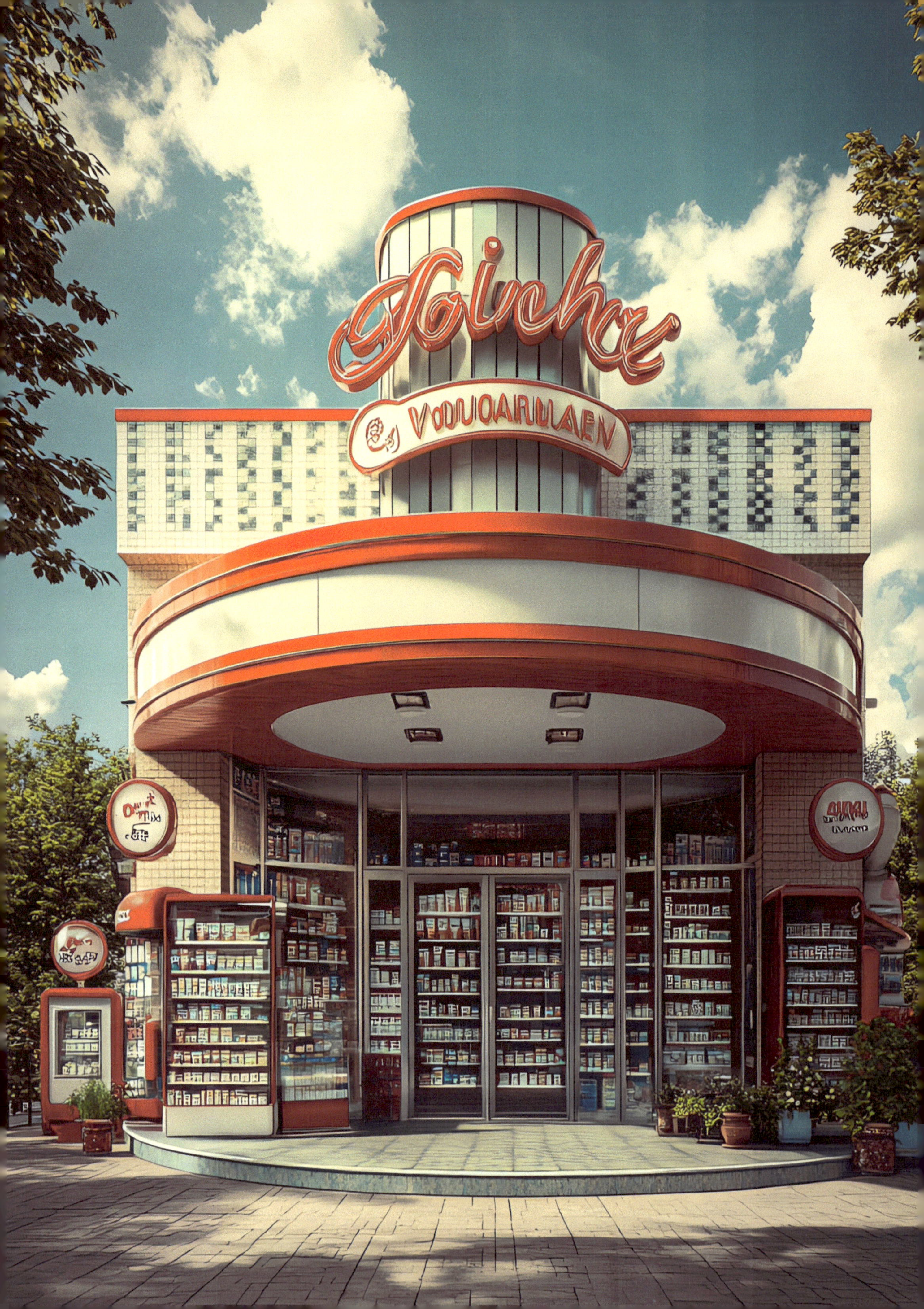

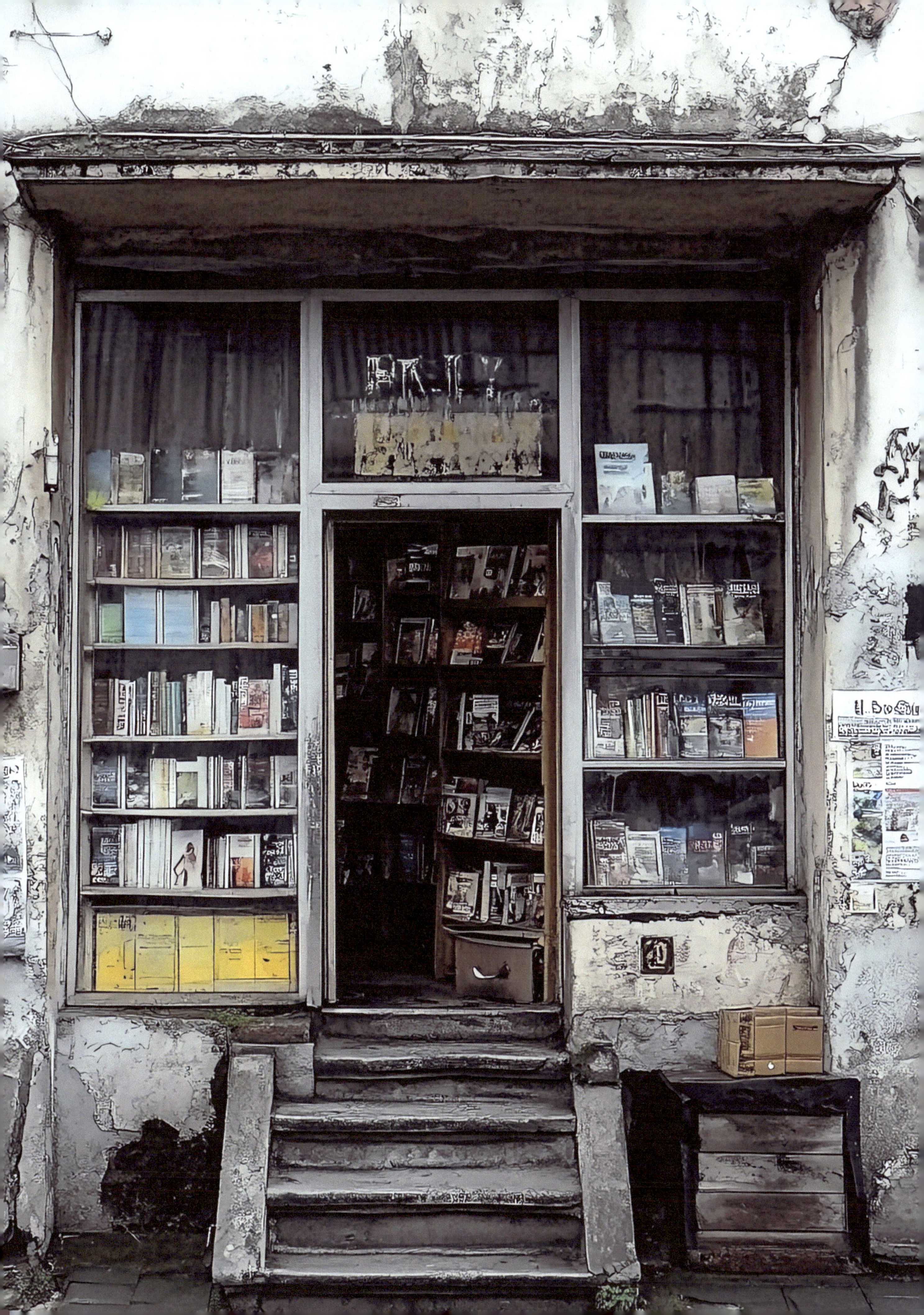

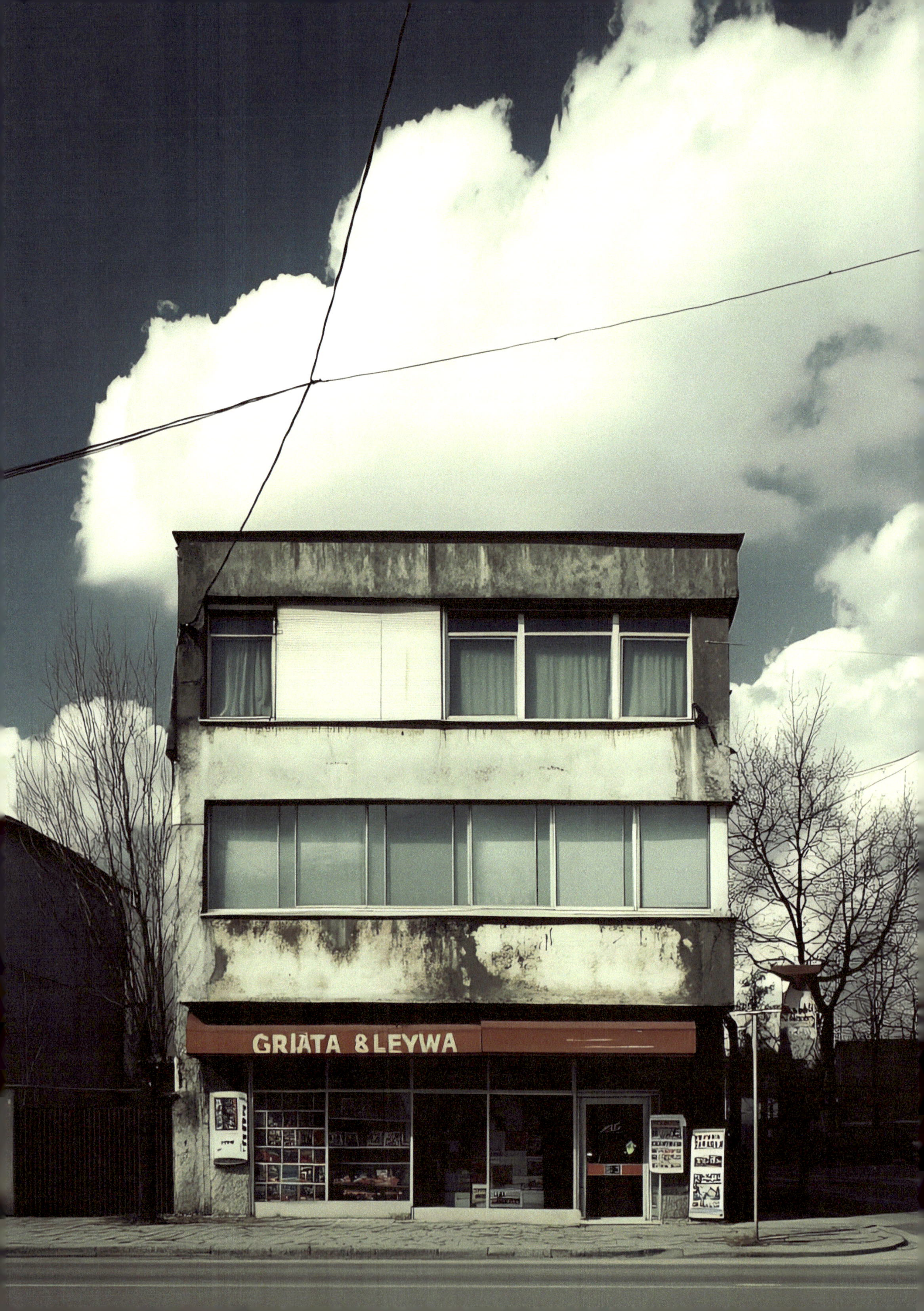
GRIATA &LEYWA

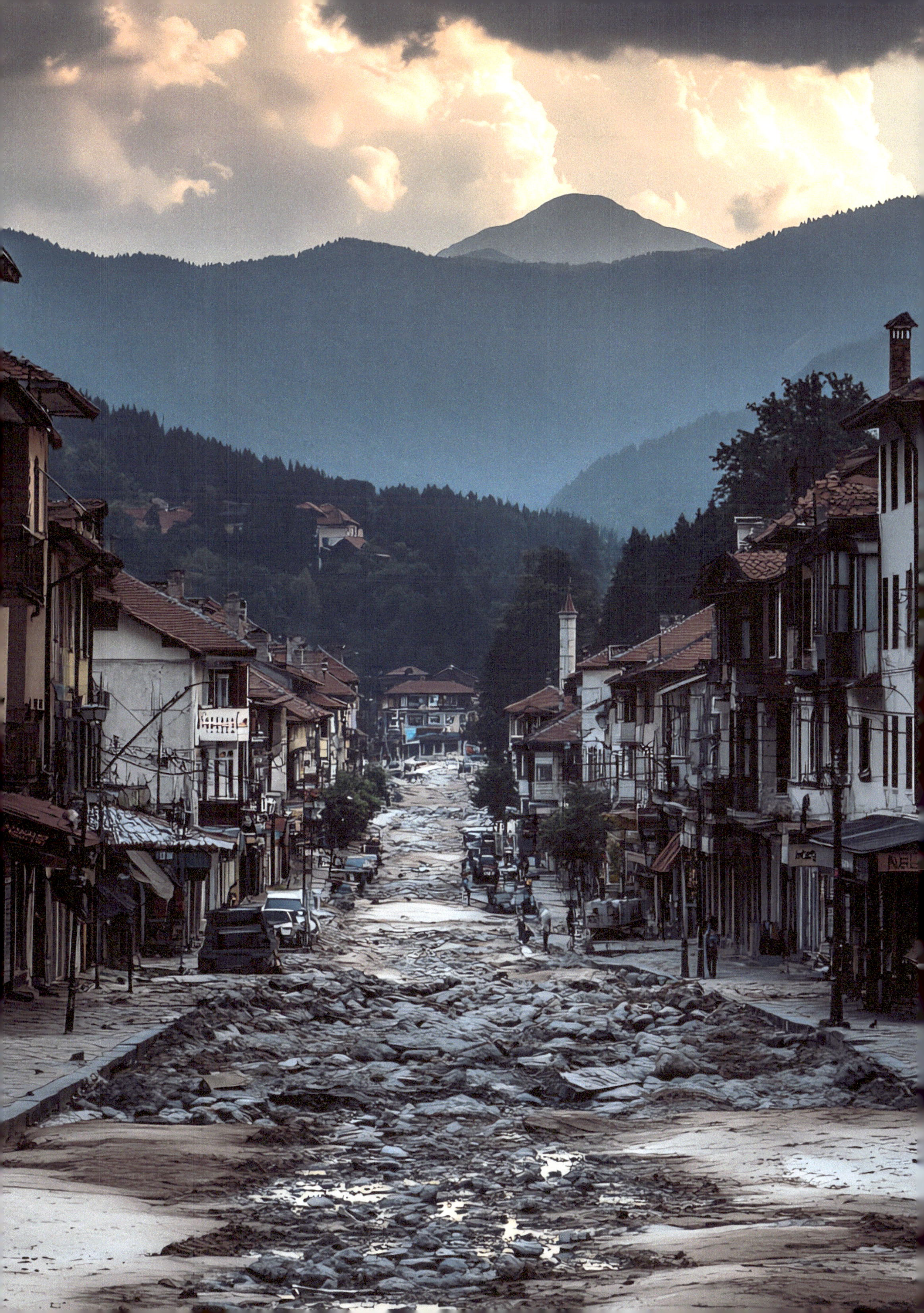

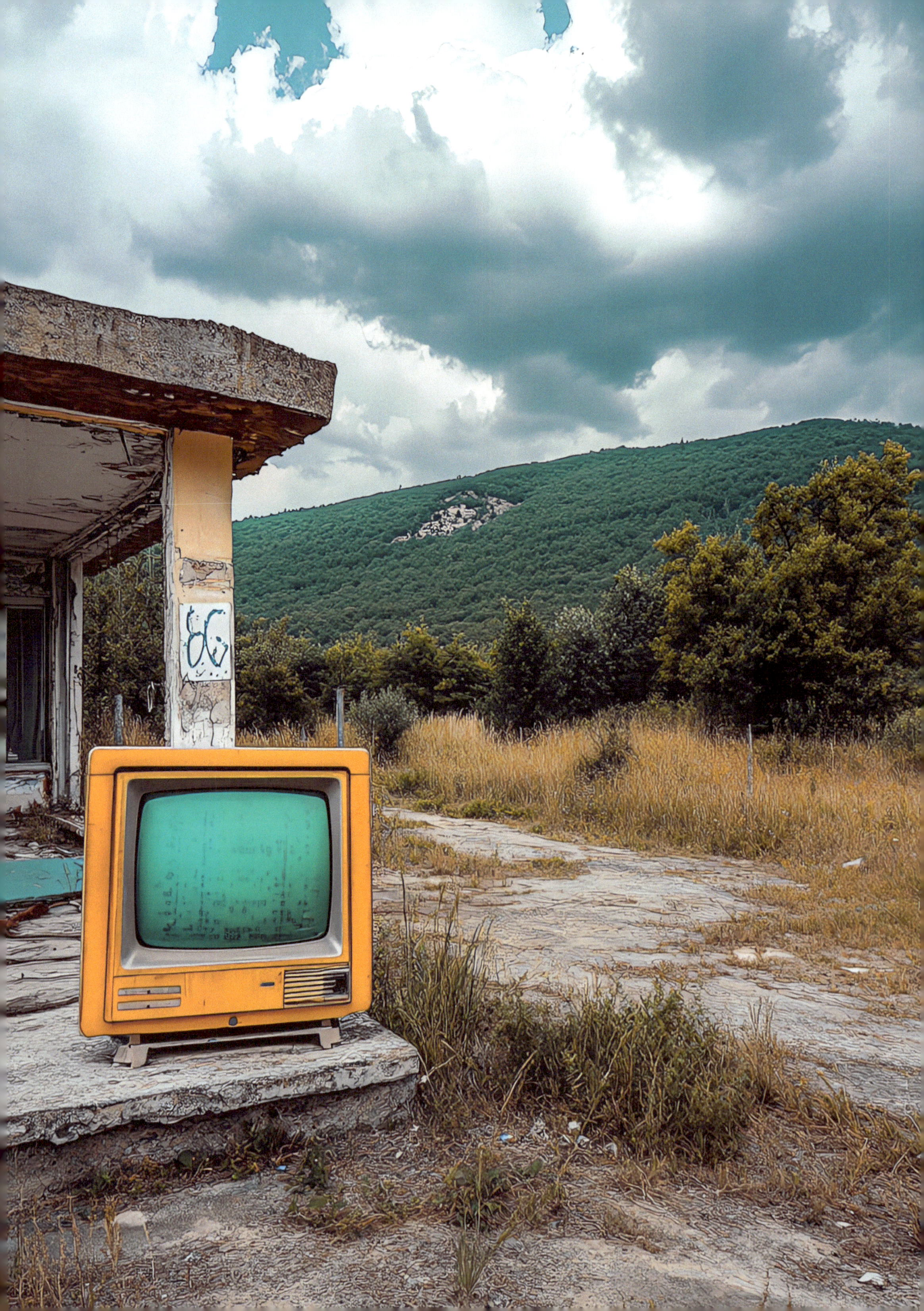

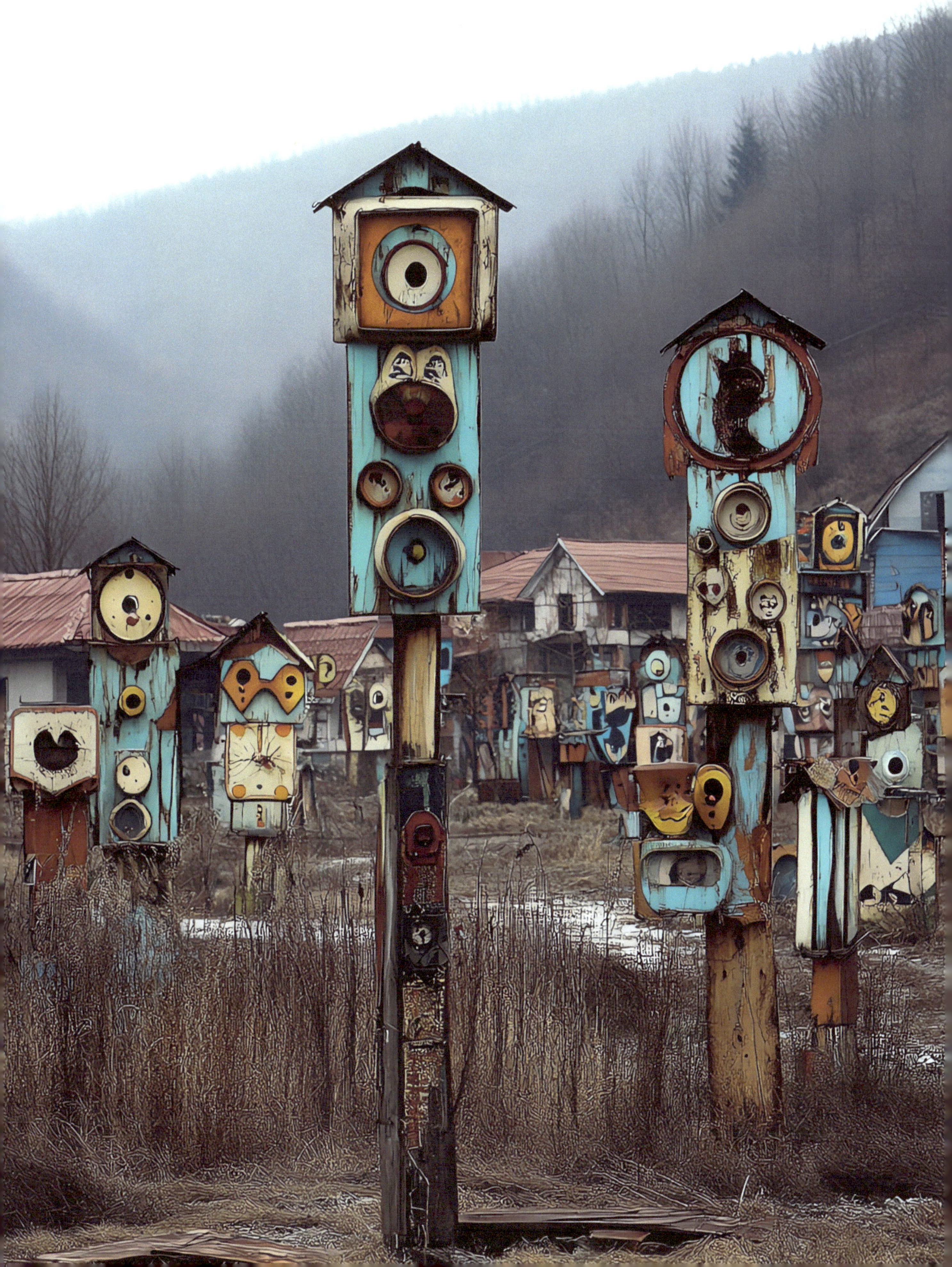

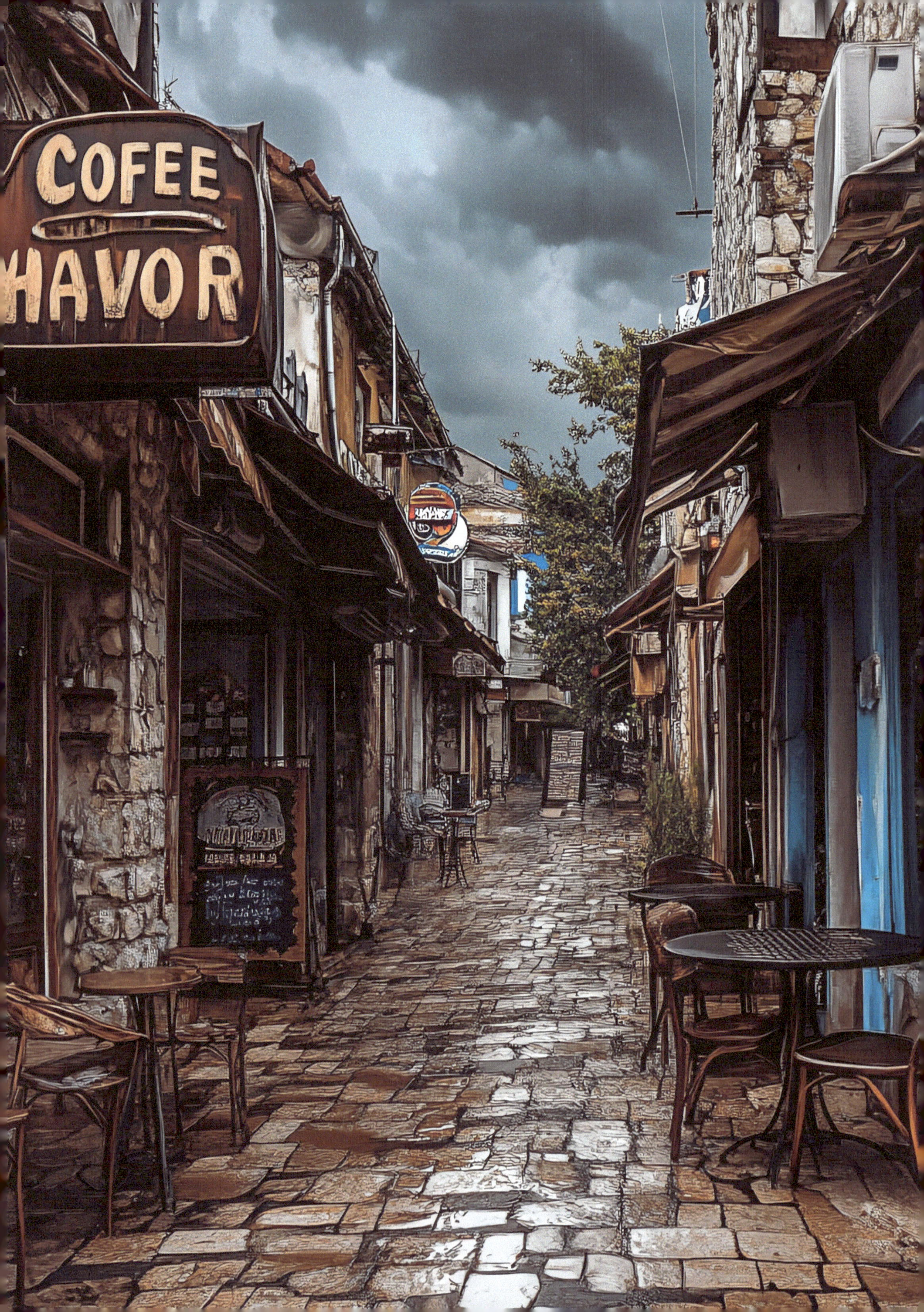
COFEE
HAVOR

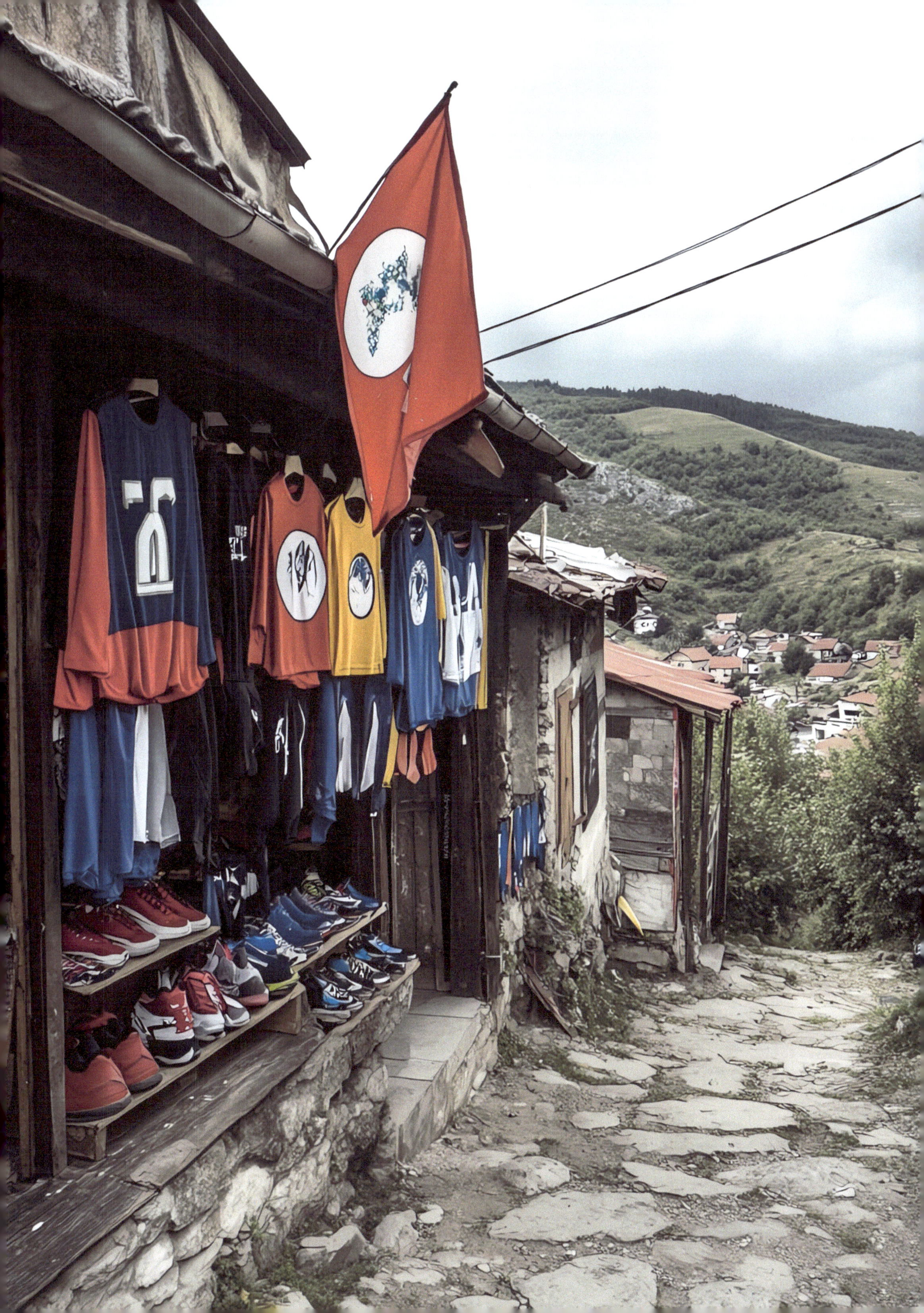

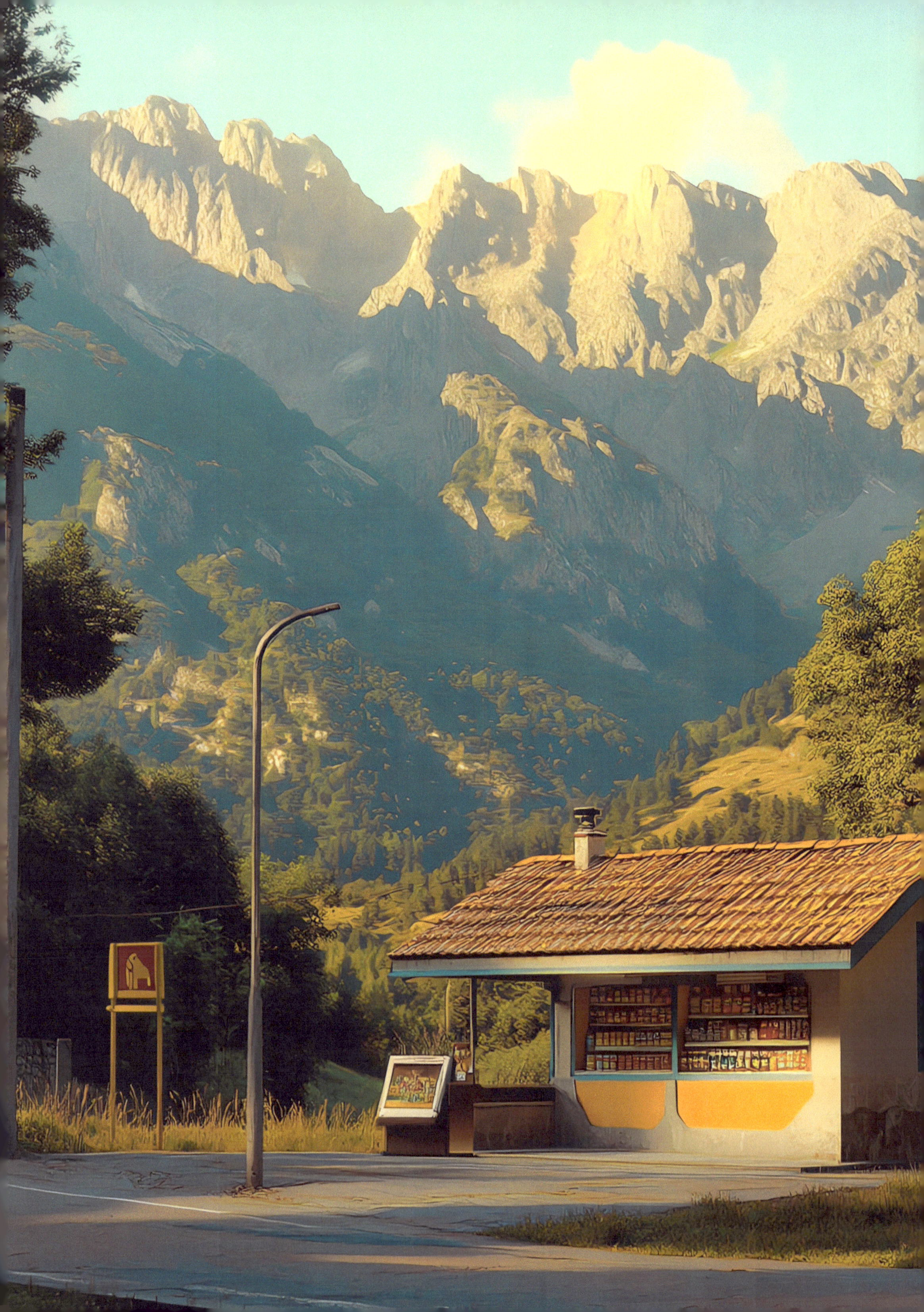

www.ingramcontent.com/pod-product-compliance
Lightning Source LLC
Chambersburg PA
CBHW040422220526
45473CB00004B/1323
* 9 7 9 8 3 0 1 6 9 5 0 8 7 *